Macht Marktwirtschaft krank?
Folgen der Ökonomisierung des Gesundheitssystems
von Malte Thießen

ISBN-13: 978-1497324480

ISBN-10: 1497324483

Buchpresse Verlagshaus Malte Thießen

Detmold/Friedrichshafen 2013/2014

Informationen über der Autor und den Verlag finden Sie unter:
www.buchpresse.com

Printed by CreateSpace, An Amazon.com Company

Danksagung

Während meines Studiums „ Politics & Public Management" habe ich mich schon des öfteren mit dem deutschen Gesundheitssystem auseinandergesetzt. Im Rahmen meiner letzten Hausarbeit erörterte ich die Frage, in wie weit unser Gesundheitssystem nach den Kriterien von John Rawls gerecht ist. In einem ersten Schritt konnte ich zeigen, dass das Gesundheitssystem weder liberal noch egalitär ist. Aus der Feststellung von Ungleichheit ergab sich die Möglichkeit zur Anwendung des Rawl´schen Differenzprinzips. Nach diesem auch MinMax genannten Prinzip sind Ungleichheiten in einem System nur dann hinzunehmen, wenn sie dem Schwächsten am meisten nutzen. Auch dies konnte widerlegt werden. Nach diesen auf John Rawls aufbauenden Überlegungen ergab sich die Feststellung eines weder liberalen, noch egalitären, noch gerechten Gesundheitssystems. Dass ein Gesundheitssystem auch noch deutlich ungerechter als das deutsche sein kann, hatte ich im Rahmen einer früheren Hausarbeit durch einen Systemvergleich mit dem amerikanischen Gesundheitssystem zeigen können.

Auch in der hier vorgelegten Bachelor-Arbeit bleibe ich dem Thema Gesundheitssystem treu. Hier hat es in den letzten zehn Jahren enorme strukturelle Veränderungen gegeben. Mit ihnen sollte das Gesundheitssystem transparenter, wirtschaftlich effizienter und qualitativ besser werden. Meine Eltern sind beide Mediziner. Meine Mutter arbeitet als niedergelassene hausärztliche Internistin, mein Vater als gastroenterologischer Oberarzt an einer Klinik. Sie haben die Veränderungen der letzten zehn Jahre in der Praxis miterlebt (oder erlitten). Durch die Diskussionen mit ihnen konnte ich das Gesundheitssystem nicht nur von außen, sondern, zumindest in Teilen, von innen sehen. Das im letzten Teil der Arbeit angeführte Beispiel ist authentisch und stammt von meinem Vater.

Ich möchte deshalb an dieser Stelle meinen Eltern danken, die meine Arbeit kritisch- konstruktiv begleitet haben. Danken möchte ich auch Prof. Joachim Behnke für das Thema und die wissenschaftliche Begleitung meiner Arbeit.

Inhaltsverzeichnis

1. Einleitung   1

2. Aufbau und Strukturen des Gesundheitssystems   5

2.1 Historische Entwicklung   5

2.2 Staatliche Aufgaben und Institutionen   9

2.3 Die Marktteilnehmer - „Die Akteure"   10

    2.3.1 Die Patienten
    2.3.2 Die Ärzte
    2.3.3 Die Krankenhäuser
    2.3.4 Die Krankenkassen
    2.3.5 Die Pharmaindustrie

2.4 Der Markt   13

    2.4.1 Der private Gesundheitsmarkt
    2.4.2 Das kollektivvertragliche System
    2.4.3 Der Versicherungsmarkt
    2.4.4 Der Markt der Rahmenverträge

3. Umbau des Gesundheitssystems   17

3.1 Reformpolitik ab 1975   17

3.2 Die kalte Ökonomisierung im Krankenhaus – Ökonomisierung durch Mittelentzug   21

    3.2.1 Die deutsche Krankenhauslandschaft
    3.2.2 Der Weg zu den Fallpauschalen
    3.3.3 Berechnung der DRG-Preise

4. Probleme im Gesundheitssystem   25

4.1 Folgen des DRG-Systems   25

    4.1.1 Beschleunigtes Krankenhaussterben
    4.1.2 Falsche Anreize durch DRGs

4.2 Duales Kassensystem   29

    4.2.1 Private Versicherung
    4.2.2 Gesetzliche Versicherung
    4.2.3 Planungsunsicherheit bei Investitionen

4.3 Das Gerechtigkeitsproblem im Verhältnis zwischen GKV und PKV   35

    4.3.1 Die Sicht der PKV

4.3.2 Gegendarstellung: Subventionen der GKV an die PKV

4.4 Evidenzbasierte Medizin? – Der Einfluss der Pharmaindustrie   37

   4.4.1 „Evidence is where the money is."

   4.4.2 Einflüsse der Pharmaindustrie auf den Gesundheitssektor

   4.4.2.1 Ärztliche Fortbildungsmaßnahmen

   4.4.2.2 Weitere Versuche die Ärzte zu beeinflussen

5. Lösungsvorschläge   41

5.1 Die Bürgerversicherung   41

5.2 Paradigmenwechsel durch demographischen Wandel?   43

6. Ein Praxisbeispiel: Die Patientin im System   51

6.1 Fallvorstellung   51

6.2 Was hat die Patientin?   52

6.3 Was führt sie zum Arzt?   52

6.4 Was leistet unser modernes Gesundheitssystem?   52

6.5 Was wäre für die Patientin das Richtige?   53

6.6 Schlussfolgerungen aus dem Beispiel   54

7. Fazit   57

Quellenverzeichnis   59

Direkte und indirekte Zitate   59

weitere Quellen   71

Abkürzungsverzeichnis

ÄK	Ärztekammer
AOK	Allgemeine Ortskrankenkasse
BÄK	Bundesärztekammer
BKV	Bundeskassenärztliche Vereinigung
BMG	Bundesministerium für Gesundheit
BRD	Bundesrepublik Deutschland
BVerwGE	Bundesverwaltungsgericht
DÄB	Deutsches Ärzteblatt
DMP	Disease Management Programm
DRG	Diagnosis Related Groups / Diagnosebezogene Fallgruppen
EBM	Einheitlichen Bewertungsmaßstab
FDA	Food-and-Drug-Administration
GBA	Gemeinsamer Bundesausschuss
GKV	Gesetzliche Krankenversicherung
GOÄ	Gebührenordnung der Ärzte
IGeL	Individuelle Gesundheitsleistung
KH	Krankenhaus
KK	Krankenkasse
KV	Kassenärztliche Vereinigung
MDK	Medizinische Dienst der Krankenversicherung
MEZIS	Mein Essen zahl' ich selbst (Ärzte Netzwerk)
OECD	Organisation für wirtschaftliche Zusammenarbeit und Entwicklung
OPS	Operationen- und Prozedurenschlüssel
PKV	Private Krankenversicherung
SGB	Sozialgesetzbuch
StBA	Statistisches Bundesamt

1. Einleitung

Das deutsche Gesundheitssystem hat international einen guten Ruf. Im Vergleich zu den Vereinigten Staaten wird vor allem die flächendeckende Versorgung und die breite Verfügbarkeit gelobt, im Vergleich zu den europäischen Nachbarn steht besonders die schnelle Verfügbarkeit im Vordergrund. Untersuchungs- und Behandlungstermine werden in Deutschland schnell vergeben, die Ausstattung mit modernem diagnostischem Equipment ist in kaum einem Land der Welt so dicht wie in Deutschland.

Das deutsche Gesundheitssystem steht aber auch in der Kritik. So gilt es vor allen Dingen als zu teuer. Seit Anfang der 70er Jahre löst eine Gesundheitsreform die andere ab, mit dem Ziel, die „Kostenexplosion" in den Griff zu bekommen. Im Fokus dieser Bemühungen stehen die Krankenhäuser. Hier ist Deutschland nach Meinung der Gesundheitsexperten überversorgt.

2002 kam es mit der Entscheidung zur Einführung eines diagnosebezogenen Fallpauschalensystems (DRG) zu einer kompletten Neuausrichtung der Krankenhausfinanzierung. Dabei handelte es sich nach nach der Aussage des Bundesministeriums 2002 für Gesundheit um die „größte Strukturreform im Gesundheitswesen seit knapp 30 Jahren" [1]. Als wesentliche Ziele wurden genannt: Transparenz, Wirtschaftlichkeit und Qualität.

Die DRG Reform war zeitlich der Vorläufer der Schröder´schen Agenda 2010. Anfang des Jahrtausends war Deutschland der „kranke Mann Europas". Die Wirtschaft erschien nicht wettbewerbsfähig, deutsche Produkte international zu teuer. Fehlender Absatz führte zu fehlender Beschäftigung, fehlende Beschäftigung belastete die Sozialsysteme durch erforderliche Sozialausgaben einerseits und bei fehlenden Einnahmen andererseits. Gebetsmühlenartig wurde verkündet, die mit der Agendapolitik vorgenommenen Einschnitte in das Sozialsystem seien nötig, um dieses auf Dauer zu erhalten. Heute wird gelegentlich die Frage gestellt, ob das Sozialsystem nach den Reformen noch als sozial bezeichnet werden kann.

Unter diesem Eindruck auf Dauer nicht mehr zu finanzierender Kosten erfolgte auch die Verabschiedung des Fallpauschalengesetzes 2002. Das Gesundheitssystem wurde als riesiger Markt betrachtet, in dem durch marktwirtschaftliche Elemente die Effizienz gesteigert und damit die Kosten begrenzt werden sollten. Das Produkt einer Gesundheitsleistung wurde per DRG und OPS standardisiert und bundesweit zu einem gleichen, festgesetzten Preis angeboten. Dies sollte zu einem Wettbewerb der Krankenhäuser führen, zwischen denen sich der Patient als „König Kunde" frei entscheiden kann. Um mit der Leistung möglichst viel Geld zu verdienen, würden die Krankenhäuser ihre Prozesse optimieren, was wiederum zu einer kürzeren Verweildauer bei gesteigerter Versorgungsqualität führt. Durch kürzere Verweildauern würde wiederum die Bettenauslastung sinken, Krankenhäuser könnten geschlossen und so auch das Problem der Überversorgung mit zu vieler Krankenhausbetten gelöst werden.

Diese marktwirtschaftliche Logik wirkt auf den ersten Blick bestechend. Und doch erschien im Jahr der Verabschiedung des deutschen Fallpauschalengesetzes die deutsche Übersetzung eines Buchs des bedeutenden Kardiologen und international renommierten Arztes Bernard Lown mit dem Titel: „Die verlorene Kunst des Heilens – Anleitung zum Umdenken". Bernard Lown hatte die Ökonomisierung der Medizin in den Vereinigten Staaten bereits erlebt, als sie in Deutschland gerade eingeführt wurde und warnt: „Ein profitorientiertes Gesundheitswesen ist ein Oxymoron, ein Widerspruch in sich. In dem Augenblick, in dem die Fürsorge dem Profit dient, hat sie die wahre Fürsorge verloren. Dieser moralische Widerspruch lässt sich nicht mehr reparieren" [2].

Damit stellt sich die Frage:
Ist die Ökonomisierung des Gesundheitssystems erforderlich, um es zu erhalten, oder wird das Gesundheitssystem der Marktwirtschaft geopfert, weil es eben nicht mehr um die Gesundheit sondern, um die Wirtschaftlichkeit geht?
Oder vom Patienten aus gesehen: Ist er der souveräne Konsument, der als „König Kunde" die für ihn adäquate Gesundheitsleistung von einem „health provider" auswählt oder ist er selbst in diesem System ein mit einem DRG-Code versehener,

standardisierter und damit austauschbarer und seiner Individualität beraubter Wirtschaftsfaktor?

Medizin **und** Marktwirtschaft, Medizin **durch** Marktwirtschaft, oder Medizin **oder** Marktwirtschaft – dieser Frage will ich im Rahmen dieser Bachelorarbeit weiter nachgehen.

Der Titel der Arbeit bezieht sich auf den amerikanischen Wirtschaftsnobelpreisträger Paul Krugman. Er schrieb in der New York Times am 21. April 2011: „The idea that all this can be reduced to money – that doctors are just ‚providers' selling services to health care "consumers" – is, well, sickening." (deutsche Übersetzung: „Die Idee, dass all das auf Geld reduziert werden kann, dass Ärzte lediglich Händler sind, die ihre Dienste Gesundheitskonsumenten verkaufen, ist selbst krankmachend.")

2. Aufbau und Strukturen des Gesundheitssystems

2.1 Historische Entwicklung

Wenn man heute das Gesundheitssystem der BRD betrachtet, findet man einen riesigen, staatlich strukturierten, regulierten und beaufsichtigten Markt. Betrachtet man den Ausgangspunkt dieses Marktes, findet man einen erkrankten Einzelnen. Krankheit ist immer an erster Stelle individuell, wieso sind Krankheit und Gesundheit Staatsaufgabe?

Um diese Frage zu beantworten ist es interessant, die Entwicklung des Gesundheitssystems zu betrachten.

Unfälle, Verletzungen, Krankheiten sind fester Bestandteil menschlichen Lebens. Da der Mensch ein soziales Wesen ist, das auf das Zusammenleben mit anderen angewiesen ist, betrifft die Krankheit des einzelnen stets auch die soziale Gemeinschaft des Erkrankten in mehreren Dimensionen: Zum einen führt die Krankheit zum Ausfall einer wichtigen Arbeitskraft, seiner sozialen Funktion etc.; zum anderen bedeutet Krankheit Abhängigkeit von Pflege und Versorgung und formuliert damit eine Forderung, einen Anspruch an die Gemeinschaft. Damit sind die beiden sozialen Dimensionen beschrieben: Ausfall für die Gemeinschaft auf der einen, Versorgungsanspruch an die Gemeinschaft auf der anderen Seite.

Die soziale Dimension von Krankheit erklärt, warum schon in den ältesten bekannten Schriften Krankenversorgung als gesellschaftliche Aufgabe beschrieben wird. Bei dem Kodex Hammurapi handelt es sich um eine Sammlung von Rechtsvorschriften, die in der Regierungszeit des babylonischen Königs Hammurapi 1792-1750 vor Christus entstanden sind. Danach wachte der Staat schon damals mit harten Gesetzen über die Ausübung der Heilkunde. „Es werden Arzthonorare für Operationen, Heilung von Knochenbrüchen, aber auch Strafen für den Fall festgelegt, dass der Patient infolge einer Operation verstirbt" [3].

Eine geschlossene Krankheitslehre gab es in der mesopotamischen Medizin nicht. Sie entwickelte sich in der ägyptischen Medizin, dargestellt in den Papyri Ebers, Edwin Smith und Kahun [4]. „Der Gang der Betrachtungsweise [einer Erkrankung] beginnt mit einer vorläufigen Bewertung, als zweites folgen die Instruktionen für die Untersuchung des Patenten und die diagnostischen Zeichen, nach denen zu suchen ist, als drittes kommt die eigentliche Diagnose und Prognose des Falles, worauf viertens die Angaben zur Behandlung folgen" [5].

Auch in Ägypten wachte der Staat über die Ausübung der Heilkunde. Die Ärzte erhielten eine staatliche Besoldung und waren dazu verpflichtet, Kranke unentgeltlich zu behandeln. Dabei hatte der Arzt streng den tradierten Therapieplänen zu folgen. Tat er dies nicht, und kam ein Patient zu schaden, konnte er schwer bestraft werden [6].

Diese Beispiele zeigen, dass praktisch seit Beginn der Geschichtsschreibung Krankenversorgung und Heilkunde als Gemeinschaftsaufgabe verstanden und staatlich reguliert und kontrolliert wurden.

Auch wenn sich in Ägypten so etwas wie eine systematische Krankheitslehre mit Anweisungen zu Diagnostik und Therapie definierter Erkrankungen entwickelte, blieben doch deren Ursachen im Dunkeln. Gleiches gilt auch für die alten indischen und chinesischen Medizinvorstellungen. Natürlich gab es krankmachende äußere Einflüsse wie Verletzungen, Unfälle und verdorbene Nahrung. Innere Erkrankungen ohne derartige leicht erkennbare äußere Ursachen konnten dagegen nur magisch-religiös interpretiert werden, als Störungen einer übergeordneten, dem Menschen nicht verfügbaren Ordnung [7]. Aus dieser magisch-religiösen Abhängigkeit führten griechisches Denken und Philosophie heraus.

Bereits im 6. Jahrhundert vor Christus begannen die sogenannten Vorsokratiker, die Phänomene von Natur und Welt auf natürliche Ursachen zurückzuführen und sie damit den Göttern zu entreißen. Es wurde die Frage nach dem Urstoff gestellt, aus dem sich alle Dinge bilden; für Thales von Milet war es das Wasser, für Anaximenes die Luft. Für Pythagoras war alles Zahl, und für Demokrit bestand alles aus kleinsten, nicht mehr teilbaren Teilchen.

Entscheidend ist nicht die tatsächliche Wahrheit der gewonnenen Einsichten, sondern die Überzeugung, dass sich alle natürlichen Phänomene, so auch die Krankheiten, auf natürliche Ursachen zurückführen lassen. Krankheiten waren damit nicht göttliche, vom Menschen hinzunehmende Strafen, sondern sie waren menschlichem Forschergeist zugänglich und dann auch rational therapierbar [8].

Ein wichtiger Impuls für die Versorgung von Kranken kam durch das Christentum, welches 391 zur Staatsreligion erklärt wurde. Viele Wundergeschichten des neuen Testaments betreffen die Heilung Kranker. Der Kranke wird als brüderlicher Nächster betrachtet, seine Heilung als Aufgabe Gottes. Die Verantwortung für die praktische Erfüllung dieser Christenpflicht lag beim Bischof. Ihm zur Seite standen Diakone und Diakonissen. Daneben wurden auch Witwen für caritative Aufgaben herangezogen [9].

Mit der Religionsfreiheit entstanden auch die ersten Vorläufer heutiger Krankenhäuser, früher mehr Sozialasyle für die Aufnahme Aller, die der Fürsorge bedurften, darunter aber auch Kranker [10].

Im Mittelalter kam es durch den Zerfall des römischen Reiches zu einem Niedergang des allgemeinen Bildungsguts und damit auch des Heilwissens. Träger der Gelehrsamkeit wurden vom 6. - 12. Jahrhundert vor allem schriftkundige Kleriker, die meist in Klöstern das Wissen der Zeit bewahrten und weitergaben. Benedikt von Nursia gab in seiner 36. Regel den Mönchen die Weisung: „Die Sorge für die Kranken steht vor und über allen Pflichten. Man soll ihnen wirklich wie Christus dienen" [11]. Die Versorgung der Kranken wurde besondere klösterlich Pflicht.

Während Forschung und Wissensvermittlung ab dem 13. Jahrhundert zunehmend durch die Universitäten erfolgte [12], wurde die praktische Caritas vor allem durch religiöse Pflegegemeinschaften, wie z.B. die Barmherzigen Schwestern ausgeübt. Allerdings waren die Hospitäler oft nicht mehr in bischöflicher Hand, sondern in die Aufsicht der Städte übergegangen. Die Finanzierung erfolgte aus öffentlichen Mitteln oder auch durch Stiftungen begüterter Bürger [13].

Auch wenn das Christentum mit der Hinwendung zum Kranken als Bruder einen „Versorgungsfortschritt" bedeutete, war es doch gegenüber der griechischen Medizin in erkenntnistheoretischer Sicht ein Rückschritt. Wieder wurden die Ursachen von Krankheit in den Bereich des Religiösen verschoben und diese Verschiebung durch die Wunderheilungen Jesu auch noch göttlich bestätigt. Dies änderte sich erst mit der Aufklärung.

Mit der Aufklärung und der Erkenntnis, dass die Naturgesetze auch beim Menschen gelten, wurde die Medizin zunehmend zu einer naturwissenschaftlichen Disziplin. Parallel wurde auch die Pflege systematisiert und organisiert, neben die Universitäten traten Pflegeschulen [14].

Mit der Bismarck´schen Sozialgesetzgebung trat als Reaktion auf die soziale Frage die finanzielle Absicherung der Krankenversorgung hinzu. 1883 wurde als erster Pfeiler der Sozialgesetzgebung die Krankenversicherung eingeführt. 1884 folgte die Unfallversicherung, 1889 schließlich die Invaliditäts- und Rentenversicherung [15]. Bismarck reagierte damit auf die mit der Industrialisierung einhergehende Massenverelendung [16], die seine politischen Gegner, die Sozialisten, mit ihren Forderungen nach einer gerechteren Verteilung der Güter großen Zulauf bescherte. Er wollte den sozialen Frieden erhalten und die Popularität der von ihm verbotenen SPD (Sozialistengesetz 1878) schmälern [17]. Es ging aber nicht nur um die Entschärfung eines sozialen Konflikts mit revolutionärem Potenzial. Mit zunehmender Identitätsfindung der Nationalstaaten war in der Konkurrenz zu anderen Nationalstaaten Gesundheit ein wichtiges Gut. Zwei Faktoren entschieden in den kriegerischen Auseinandersetzungen: „die Begeisterung für ein nationales Anliegen zu kämpfen und die körperliche Gesundheit, überhaupt kämpfen zu können" [18]. Gesundheit war nicht mehr nur individuelles Wohlergehen, sondern lag als Volksgesundheit im nationalen Interesse. In den darauf folgenden Jahrzehnten wurden die von Bismarck geschaffenen Strukturen weiter ausgebaut

[19]. Mit der Machtergreifung Hitlers wurden die Kassen jedoch gleichgeschaltet und verloren ihr Recht auf Selbstverwaltung.

Nach dem 2. Weltkrieg wurde das Sozialsystem nach dem Vorbild der Weimarer Republik wieder aufgebaut. Ein korporatives System wurde geschaffen, das aus eigenständigen Verbänden und Körperschaften besteht, die sich selbst verwalten, aber im staatlichen Auftrag handeln und unter staatlicher Aufsicht die Gesundheitsversorgung der Bevölkerung sicherstellen [20].

2.2 Staatliche Aufgaben und Institutionen

Alle politischen Entscheidungen hinsichtlich des Gesundheitswesens werden vom Deutschen Bundestag und, wenn es Angelegenheiten der Länder betrifft, vom Bundesrat getroffen. Die Ausarbeitung der Gesetzgebungsvorhaben obliegt dem Ministerium für Gesundheit, das vom zuständigen Bundesminister geleitet wird. "Zum Geschäftsbereich des Ministeriums gehören mehrere Bundesbehörden, die unterschiedliche Aufgaben im Gesundheitswesen (…) erfüllen" [21]. Dazu gehören das Robert Koch-Institut (Erkennung, Bekämpfung und Verhütung von Krankheiten), die Bundesbehörde für politische Aufklärung (Gesundheitserziehung und Gesundheitsförderung) und das Bundesinstitut für Arzneimittel und Medizinprodukte (amtliche Zulassung von Medikamenten). Zusätzlich gibt es den Sachverständigenrat zur Begutachtung der Entwicklung im Gesundheitswesen, der alle zwei Jahre ein Gutachten über die Entwicklungen im Gesundheitswesen erstellt und Veränderungsvorschläge vorlegt [21].

Auch auf Länderebene gibt es Gesundheitsministerien und Minister. "Ein wichtiger Schwerpunkt der Länderaktivitäten liegt auf der Prävention, also den Maßnahmen und Initiativen zum Erhalt und zur Förderung der Gesundheit der Bevölkerung beziehungsweise spezifischer Zielgruppen (Kinder, Jugendliche, Migrantinnen und Migranten usw.)" [21].

Im Gemeinsamen Bundesausschuss (GBA) bestimmen die Spitzenverbände der Krankenkassen zusammen mit Vertretern der Ärzte und Vertretern der

Krankenhäuser über den Leistungskatalog der gesetzlichen Krankenkasse [22]. Zu dem Gremium gehören auch Vertreter der Patientenverbände, die aber nicht stimmberechtigt sind. Sie dürfen Anträge einbringen und im Sinne der Patienten an den Diskussionen teilnehmen, am Ende entscheiden jedoch Krankenkassen und Leistungsanbieter [23].

2.3 Die Marktteilnehmer - „Die Akteure"

Die Grundvoraussetzung für Berechtigung des Gesundheitswesens ist das Vorhandensein von Patienten (1), die aufgrund einer Erkrankung oder zur Prävention von Krankheiten einen Arzt (2) aufsuchen. In der Regel besuchen sie dabei einen der 132.200 niedergelassenen Ärzte [24]. Der zuständige Arzt untersucht den Patient, erstellt eine Diagnose und behandelt diese entweder selber oder überweist ihn an einen Facharzt oder an ein Krankenhaus (3). Die Kosten der Behandlung werden in der Regel von den Krankenkassen übernommen (4). Die Pharmaindustrie (5) verkauft in diesem System die vom Arzt verschriebenen Medikamente.

2.3.1 Die Patienten

Auch wenn die Patienten die Grundvorraussetzung für das Gesundheitswesen sind, haben sie innerhalb des Systems nur wenig Einfluss. Das liegt daran, dass sie sich anders als die Leistungsanbieter wie Ärzte, Krankenkassen und Pharmaindustrie – außer bei Wahlen – kaum aktiv beteiligen können. Vielen Patientenverbänden fehlt es an Mitgliedern, weil „Patienten sich in einem besonderen persönlichen Abhängigkeitsverhältnis gegenüber den Ärzten befinden, das einer aggressiven Vertretung eigener Ziele gegenüber steht" [25]. Darüber hinaus handelt es sich bei den Patienten um eine sehr heterogene Gruppe, „die sich nur schwer einheitlichen Zielen unterordnen lässt" [25]. Zum Glück fühlen sich Verbraucherzentralen und verbraucherorientierte Verbände den Patienten verpflichtet und üben in ihrem Sinne politischen Druck aus [26].

2.3.2 Die Ärzte

Die Ärzte und Zahnärzte sind in eigenen Verbänden organisiert. Zu ihnen gehören die Kassenärztlichen Vereinigungen (KV), die Ärztekammern (ÄK) und Interessenvertretungen wie der Marburger Bund (Vertretung der angestellten Krankenhausärzte) und der Hartmannbund (Vertretung der niedergelassenen Kassenärzte). Die Kassenärztlichen Vereinigungen sind Körperschaften des öffentlichen Rechts, bei denen alle niedergelassenen Ärzte Mitglieder sein müssen, wenn sie an der ambulanten Versorgung der gesetzlich versicherten Patienten teilnehmen wollen. Den KVen wurde 1955 vom Gesetzgeber der Sicherstellungsauftrag der Bevölkerung übertragen. Hieraus resultiert praktisch ein Versorgungsmonopol. Die KV verhandelt mit den Krankenkassen über den Umfang und die Honorierung von medizinischen Leistungen der gesetzlich versicherten Patienten. Der Arzt schickt seine Rechnungen an die KV, die diese sorgfältig auf Unstimmigkeiten prüft und ihm dann das ihm zustehende Geld überweist. (Bei Privatpatienten wird die Rechnung an den Patienten geschickt, der das Geld an den Arzt überweist, dann die Rechnung bei seiner Krankenkasse einreicht und das ihm zustehende Geld erstattet bekommt.)

Die KVen sind gemeinsam in der Bundeskassenärztlichen Vereinigung organisiert und vertreten ihre Mitglieder ähnlich wie die Ärztekammern auch politisch. Anders als bei den KVen sind bei den Ärztekammern alle in Deutschland praktizierenden Ärzte Zwangsmitglieder. Die Ärztekammern wachen über die Einhaltung der Berufsethik, vertreten die Ärzteschaft politisch und organisieren Fort- und Weiterbildungsveranstaltungen mit den entsprechenden Prüfungen [27].

2.3.3 Die Krankenhäuser

Die Krankenhäuser sind ebenfalls in Verbänden wie dem Deutschen Evangelischen Krankenhausverband oder der Krankenhausgesellschaft Nordrhein-Westfalen organisiert. Sie sind im Dachverband, der Deutschen Krankenhausgesellschaft, gebündelt [28].

2.3.4 Die Krankenkassen

In Deutschland unterscheidet man zwischen den gesetzlichen und den privaten Krankenversicherungen. Zur Zeit gibt es 51 private [29] und 134 gesetzliche Krankenkassen [30]. Die gesetzlichen Krankenkassen regeln als Körperschaften des öffentlichen Rechts im Rahmen der gesetzlichen Vorschriften ihre Belange selbst. Die gesetzlichen Krankenkassen kann man in sechs Kassenarten gliedern, die auf Landes- und Bundesebene eigene Krankenkassenverbände haben (Allgemeine Ortskrankenkassen, Betriebskrankenkassen, Innungskrankenkassen, Ersatzkrankenkassen, Sozialversicherung für Landwirtschaft, Forsten und Gartenbau; Deutsche Rentenversicherung Knappschaft-Bahn-See) [31]. Alle Krankenkassen sind auf Bundesebene zusätzlich durch den GKV-Spitzenverband zusammengefasst. Die Krankenkassen nehmen auf politischer Ebene für sich in Anspruch, im Interesse und als Vertretung der Patienten zu handeln. "Diesem Anspruch können aber beide Seiten kaum gerecht werden: Die Leistungsanbieter [hier: die Kassen] müssen ökonomische Ziele verfolgen, die sich bestenfalls an den Interessen großer Gruppen zahlungskräftiger Patienten orientieren können. Weder gute Primärprävention noch eine kostengünstige Behandlung mit umfassenden Qualitätskontrollen liegen im Eigeninteresse der Anbieter" [32].

2.3.5 Die Pharmaindustrie

Laut dem Bundesverband der Pharmazeutischen Industrie gab es 2012 899 pharmazeutische Unternehmen in Deutschland. Sie stellten 2011 Medikamente „im Wert von 26,9 Mrd. Euro her" [32] und beschäftigen 105.345 Mitarbeiter [33]. Marcia Angell zufolge, der ehemaligen Chefredakteurin des „New England Journal of Medicine", betrug 2005 der Gewinn bei „Pharmaunternehmen 17% des Umsatzes (…), verglichen mit 4,6% bei den übrigen Unternehmen" [34]. Insofern sind die Hersteller der Medikamente hochprofitable Unternehmen.

2.4 Der Markt

Im „Sondergutachten 2012 des Sachverständigenrats zur Begutachtung der Entwicklung im Gesundheitswesen" wird der Gesundheitsmarkt in vier Teilmärkte unterteilt. Im Folgenden werden diese Märkte kurz vorgestellt.

2.4.1 Der private Gesundheitsmarkt

Auf dem privaten Gesundheitsmarkt konkurrieren die Leistungserbringer mit Produkten um die Nachfrage der Patienten, die nicht von den Krankenkassen vergütet werden. Hier liegt es am Patienten selbst, ob das angebotene Produkt ihm das Geld wert ist, und ob er es sich leisten kann. Zur Produktpalette gehören neben den sogenannten IGeL-Leistungen, die der Arzt dem Patienten anbieten kann, auch Sportangebote (alles, was der Gesundheit förderlich ist, aber Geld kostet). Bei den gesetzlich Versicherten gehören mittlerweile auch viele nicht verschreibungspflichtigen Medikamente zu dieser Kategorie, weil die Kosten dieser nicht mehr von ihren Versicherungen übernommen werden [35].

2.4.2 Das kollektivvertragliche System

Im zweiten Markt, dem kollektivvertraglichen System, konkurrieren Leistungserbringer mit ihrer von den Krankenkassen abgesegneten Produktpalette um die versicherten Patienten [36]. Von einem echten funktionierenden Wettbewerb, bei dem alle Leistungsanbieter ihre Leistungen und Medikamente bewerben, kann jedoch nicht gesprochen werden. Während Krankenhäuser in Broschüren und anderen Medien Werbung für sich machen dürfen [Ausnahmen siehe [37]], ist den niedergelassenen Ärzten durch die Bundesärztekammer jegliche anpreisende, irreführende und vergleichende Werbung verboten. Dazu gehört unter anderem das Verbot der Verbreitung von Flugblättern/Flyern, das Verbot von Mailingaktionen, das Verbot von Plakatwerbungen z.B. in Supermärkten und am Straßenrand, das Verbot von Werbung auf Fahrzeugen, die unaufgeforderte Wiedereinladung ohne medizinische Notwendigkeit und das Verbot von Anzeigenwerbung. Selbst die Größe des Praxisschildes wird vorgegeben [38].

Werbung kann daher fast nur durch Mundpropaganda der Patienten und Bewertungsportale ärztlicher Leistungen im Internet stattfinden. Wettbewerbsmindernd kommt hinzu, dass die BKV Deutschland in Bezirke aufgeteilt hat, in denen die maximale Anzahl an Ärzten der einzelnen Fachrichtungen vorgeschrieben ist. Die vorgegebene Zahl darf nicht überschritten werden. Ziel der Maßnahme ist die Streuung der vorhandenen Fachärzte auf das ganze Bundesgebiet. Die Anzahl der niedergelassenen Ärzte wird somit künstlich begrenzt. Im Ergebnis kann der Patient nur begrenzt zwischen verschiedenen Leistungserbringern wählen [39].

Bei der Behandlung kommt es zu einem "Prinzipal-Agent Verhältnis", bei dem der Patient als Prinzipal dem Arzt als Agent aufgrund der Informationsasymmetrien, der Ungewissheit über die Fähigkeiten und Befähigung des Arztes, seinen Behandlungskosten und der für ihn optimalen Therapie, hilflos gegenüber steht [40].

Unter diesen Bedingungen ist es für den Patienten unmöglich, rationale Entscheidungen zu treffen, weil er sich in weitgehender Unkenntnis über den Markt, seine Akteure und die für ihn beste Behandlungsmethode befindet.

2.4.3 Der Versicherungsmarkt

Beim dritten Wettbewerbsfeld geht es um den Versicherungsmarkt, bei dem die einzelnen Krankenkassen im Wettbewerb um ihre Mitglieder stehen [41]. Während die gesetzlich Versicherten Teil einer Solidargemeinschaft sind, bei der die Starken mit ihren Beiträgen für die Schwachen sorgen, entziehen sich die privat Versicherten diesem Solidaritätssystem. Ob man sich privat oder gesetzlich versichern kann entscheidet das Einkommen. Nur wer dauerhaft mit dem Einkommen über der Versicherungsplichtgrenze liegt, oder von den Ausnahmen in § SGB V betroffen ist, kann sich privat versichern. Die Versicherungsgrenze wird jedes Jahr vom BMG angepasst [42]. Die Unterschiede zwischen gesetzlicher und privater Versicherung liegen vor allem im Umfang und der Höhe der Honorierung von medizinischen Leistungen.

Die gesetzlichen Krankenkassen bieten allen ihren Kunden fast die selbe Leistung an, und bei allen Versicherungsnehmern wird der selbe Prozentsatz des Lohns an die Krankenkasse überwiesen. Die Krankenkassen können, „je nach strategischer Ausrichtung und finanzieller Lage, zusätzliche Leistungen für ihre Versicherten anbieten, ebenso wie Wahltarife, Bonusprogramme oder auch Rabatte bei Kooperationspartnern" [43]. Bei schlechter Kassenlage können sie außerdem Zusatzbeiträge erheben. Es gibt zwar die Möglichkeit, dass Krankenkassen bei Überschüssen diesen wieder an ihre Mitglieder zurück zahlen. In der Realität fallen diese Prämien allerdings so niedrig aus, dass sie den Namen kaum verdienen. Es geht hier um Prämien zwischen 30 und maximal 263 Euro (2014 für Mitglieder der BKK Karl Mayer) im Jahr, die an die Mitglieder ausgezahlt werden [44].

Anders sieht es dagegen bei den privaten Krankenkassen aus. Da sich der Versicherungsnehmer sein eigenes Paket an Leistungen schnüren kann, können hier unterschiedliche Preise für unterschiedliche Leistungen angeboten werden. So kann man beispielsweise auch bestimmte Körperteile aus dem Leistungskatalog streichen. In diesem in sich geschlossenen Markt gibt es Wettbewerb und einen Konkurrenzkampf um die 5% der gesetzlich Versicherten, die die Möglichkeit zum Wechsel haben. Außerdem konkurrieren die Kassen, zumindest in der Theorie, um die privat Versicherten, die von der einen zur anderen Kasse wechseln könnten. Dieser Konkurrenzkampf wird dahingehend ausgebremst, dass jeder Versicherungsnehmer – sobald er sich einmal für eine private Krankenkasse entschieden hat – eine Altersrückstellung anspart, die bei einem Versicherungswechsel verloren geht. Ausgenommen vom vollständigen Verlust der Altersrückstellung sind lediglich die seit dem 01.01.2009 Versicherten. Sie können ihre Altersrückstellungen in sehr begrenztem Umfang mitnehmen: "Die Höhe der übertragbaren (portablen) Alterungsrückstellungen richtet sich nach dem Umfang des Basistarifs, d.h. nur die Altersrückstellungen, die dem Basistarif entsprechen, können mitgenommen werden. Da der Basistarif dem Leistungsniveau der GKV entspricht, scheint vielen Privatversicherten ein Wechsel in diesen Tarif unattraktiv, da mit dem Wechsel für viele (nicht alle) ein schlechterer Versicherungsschutz verbunden ist" [45]. Von echtem Wettbewerb um die Versicherten kann somit nur sehr begrenzt gesprochen werden.

2.4.4 Der Markt der Rahmenverträge

Im vierten Wettbewerbsfeld konkurrieren Leistungserbringer um Verträge mit den
Krankenkassen. Sie schließen Rahmenverträge ab, bei denen die Mitglieder der
Krankenkasse vorteilhaft (hier im Sinne des Preis/Leistungsverhältnisses)
behandelt werden [46].

3. Umbau des Gesundheitssystems

3.1 Reformpolitik ab 1975

Bis 1974 wurde das Sozialsystem ausgebaut, ohne sonderlich stark auf die steigende Kostenentwicklung durch die Leistungsausweitung zu achten. Möglich wurde dies durch das Wirtschaftswunder und das damit verbundene hohe Wirtschaftswachstum und die Vollbeschäftigung [47]. Die Sozialleistungsquote, die den Anteil der sozialen Leistungen am Bruttoinlandsprodukt beschreibt [48], lag 1950 bei 15 Prozent. Bis 1969 wurde sie mit 26,2 Prozent fast verdoppelt [49].

Mit dem Einsetzen der Regression infolge der Ölkrise 1974 stieg die Arbeitslosigkeit und die Einnahmen der Krankenkassen brachen ein [50]. Zu dieser Zeit fand ein Umdenken in den Köpfen aller Parteien statt. Unter anderem Heiner Geißler prägte den Begriff der „Kostenexplosion", um die steigenden Ausgaben im Gesundheitswesen zu beschreiben. (Anmerkung: In Wahrheit handelte es sich nicht um eine enorme Steigerung der Kosten, sondern um einen Einbruch auf der Einnahmenseite: weiteres dazu bei Reiners: Mythen der Gesundheitspolitik)

Von da an hieß die Devise Sparen! Zusatzbeiträge und Selbstbeteiligungen bei Medikamenten und beim Aufenthalt im Krankenhaus wurden eingeführt und Leistungen der gesetzlichen Krankenkasse gekürzt. Egal welche Parteien die Regierung bildeten, der Leistungskatalog der gesetzlichen Krankenkassen wurde mit jeder Reform weiter eingeschränkt und Eigenbeteiligungen erhöht [51].

Das Krankenversicherungs-Kostendämpfungsgesetz von 1977 war die erste dieser gesetzgeberischen Reaktionen auf die vermeintliche Kostenexplosion, mit der man begann das Gesundheitssystem zu einem einnahmeorientierten Ausgabensystem umzustrukturieren. Neben Zuzahlungen für Medikamente, Kürzungen im Bereich der zahnärztlichen Behandlung und der damit einhergehenden Erhöhung der Selbstbeteiligung, wurden Wirtschaftlichkeitsprüfungen bei niedergelassenen Ärzten durch ein Gremium aus gleichberechtigten Vertretern der Krankenkassen und der Kassen-ärztlichen Vereinigungen eingeführt [51] [52].

1981 folgte das Krankenversicherungs-Ergänzungs-Gesetz, bei dem die Selbstbeteiligung für Medikamente, aber auch für Brillen und Zahntechnikkosten erhöht wurde. Im Gesetz enthalten war auch die pauschale Absenkung der Praxislaborpreise um 5%. Außerdem wurden Anreize für Krankenhäuser geschaffen, die Bettenzahl zu verringern [53].

Ab 1983 führte der Gesetzgeber im Rahmen des Haushalts-Begleit-Gesetzes eine Negativliste für Bagatell-Erkrankungen ein. Nicht verschreibungsplichtige Medikamente, sogenannte Bagatell-Arzneimittel, die bei der Heilung bspw. von Erkältungskrankheiten hilfreich sind, wurden aus dem Leistungskatalog der gesetzlichen Krankenkassen gestrichen [53].

Mit dem Gesundheitsreformgesetz 1989 wurden die Selbstbeteiligungen und Zuzahlungen für die gesetzlich versicherten Patienten erneut angehoben. Dazu gehörten unter anderem die Zuzahlung beim Krankenhausaufenthalt von 10 DM pro Tag, eine 10% Selbstbeteiligung bei Heilmitteln und eine 35-50% Selbstbeteiligung beim Zahnersatz. Bei kieferorthopädischen Behandlungen übernahmen die Krankenkassen mit Ausnahme von Härtefällen nur noch 20% der anfallenden Kosten. Neben dieser Steigerung der Eigenbeteiligung wurde das Sterbegeld gekürzt und bei Neuverträgen komplett aus dem Leistungskatalog gestrichen. Ausgebaut wurden die von den Krankenkassen finanzierten Präventionsmaßnahmen. „Des Weiteren wird im Rahmen des Ausbaus von Wirtschaftlichkeits- und Qualitätsprüfungen der Medizinische Dienst der Krankenversicherung (MDK) als Prüfinstanz in der Hand der KKn gegründet, ausgestattet mit dem Recht auf umfassenden Datenträgeraustausch/ Abrechnungsdatenaustausch, Leistungsdaten- und Personalaustausch" [54].

Im Rahmen des Gesundheitsstrukturgesetzes (1993) wurde schließlich die „Deckelung" im Sinne einer Budgetierung der Ausgaben im Krankenhaus und bei den niedergelassenen Kassenärzten eingeführt. Seitdem wird mit dem Einheitlichen Bewertungsmaßstab (EBM) abgerechnet: Jede medizinische Leistung bekommt eine Anzahl von Punkten zugeordnet, die mit einem flexiblen Wert vergütet wird.

Der DM/Euro-Wert eines Punkts richtet sich nach der Gesamtmenge an abgerechneten Einzelleistungen der Ärzte. Für den Wert eines Punktes dividiert man die Summe der abgerechneten Punkte durch das vorgegebene Budget. „Durch die ‚Deckelung' der Ausgaben konnte zwar der Anstieg der Gesamtausgaben bei den Leistungsanbietern begrenzt werden, doch wurden die Ärzte zugleich dazu getrieben noch mehr Einzelleistungen zu erbringen (sogenannter Hamsterradeffekt). Als Folge kam es zu einem rapiden Verfall der Vergütungen pro Leistung" [55].

Faktisch wurde das Finanzrisiko durch den EBM und die Budgetierung von den Krankenkassen auf die Leistungsanbieter übertragen. Die Krankenkassen stellen ein bestimmtes Finanzbudget zur Verfügung und die Krankenhäuser und niedergelassenen Ärzte müssen sehen, wie sie mit dem zur Verfügung stehenden Geld klar kommen.

Durch die Einführung der Deckelung und des EBM im Rahmen des Gesundheitsstrukturgesetz von 1993 wurde ein Paradigmenwechsel im Gesundheitswesen eingeleitet: Die Ökonomisierung des Gesundheitswesens. Man zwang die Ärzte wirtschaftlich zu handeln. Außerdem wurde durch die Öffnung der Krankenkassen (die freie Krankenkassenwahl für alle gesetzlich Versicherten) und die Einführung des Risikostrukturausgleichs der Wettbewerb zwischen den Kassen verschärft, während man gleichzeitig die Beitragssätze fixierte und einheitlich senkte [56]. Hinter all dem lässt sich neben der Kostensenkung noch eine anderes politisches Motiv erkennen: "Ziel der Gesetzesinitiativen [und Gesetze] war die zukunftsorientierte Verbesserung der Wirtschaftlichkeit im Sinne des Aufwands-/ Ertragsverhältnisses vor allem durch Flexibilisierung" [57]. Um die Produktionskosten niedrig zu halten, sollten die Arbeitgeber von Beitragserhöhungen im Gesundheitswesen verschont bleiben. Zur erhofften „Sofortbremsung der Sozialausgaben" kam es jedoch nicht. Stattdessen kann man eher von einer Expansion der Sozialausgaben sprechen, da die Sozialleistungsquote von 1990 bis 1996 von 26,8 auf 31,4 Prozent weiter anstieg [58].

Die nächste große Änderung im Gesundheitswesen, angestoßen von der rot-grünen Koalition 2002 betraf die Krankenhäuser: Mit der Einführung des DRG im Rahmen des Fallpauschalengesetzes (Umsetzung 2003/2004) wollte man die Krankenhausbehandlung transparenter und effizienter machen. Bei dem System werden Krankheiten als diagnosebezogene Fallpauschalen - sogenannte Diagnosis-Related Groups - erfasst und abgerechnet. "Die diagnosebezogenen Fallpauschalen bedeuten, dass dem Schweregrad des Behandlungsfalls eine entsprechende pauschale Vergütung zugewiesen wird" [59]. Die medizinische Leistung wurde von da an pauschal vergütet. Ökonomische Anreize wie die Verweildauer und die medizinisch unnötige Leistungsausweitung auch zur Steigerung dieser, sollten durch die Einführung der Fallpauschalen unterbunden werden [60].

Außerdem wurde ein Koordinationsausschuss, der „Gemeinsame Bundesausschuss" eingerichtet: Vertreter von GKV, Ärzten und Krankenhäusern beurteilen hier unter der Aufsicht des BMG den Leistungskatalog in der ambulanten und stationären Versorgung. Beschlüsse des GBA sind für die Krankenkassen, die Ärzte und die Krankenkassen verbindlich [61].

Mit dem GKV-Wettbewerbsstärkungsgesetz wurde schließlich 2007 der Gesundheitsfonds als Instanz zwischen den Versicherten und den Unternehmen auf der einen und den gesetzlichen Krankenkassen auf der anderen Seite beschlossen (Einführung 2009). Arbeitgeber, Arbeitnehmer sowie die Steuerzahler zahlten durch Beiträge und Zuschüsse (Steuern) in den Gesundheitsfonds ein, der dann den Krankenkassen pro Patient einen einheitlichen Pauschalbetrag und einen Zuschlag für Risikopatienten im Rahmen des Risikostrukturausgleichs überweist. Wenn Krankenkassen Gewinn erwirtschaften, können sie ihren Versicherungsnehmern Geld zurück zahlen. Machen sie dagegen Verlust, dürfen sie Zusatzbeiträge einführen, die allerdings ein Prozent der beitragspflichtigen Einnahmen nicht überschreiten dürfen. Die Regierung einigte sich darauf, den Gesundheitsfonds mit Steuermitteln um 2,5 Mrd. Euro (2007) aufzustocken. Für das Jahr 2016 plante man einen Zuschuss aus Steuergeldern von 14 Mrd. Euro [62].

Zu der Gesundheitsreform gehörten auch neue Honorarvereinbarungen für Ärzte, die Zulassung von Fusionen von Krankenkassen, die Gründung des GKV-

Spitzenverbands, die Möglichkeit, dass Kassen bei guter Finanzlage eine Liquiditätsreserve aufbauen und bei schlechter Finanzlage Insolvenz anmelden können [63].

2011 trat das GKV-Finanzierungsgesetz in Kraft. Es umfasste unter anderem eine einheitliche Beitragserhöhung auf 15,5%, die Einfrierung des Arbeitgeberanteils auf 7,3% und die Vereinfachung des Wechsels zur privaten Krankenversicherung. "Künftige Kostensteigerungen müssen [...] die Versicherten über einkommensunabhängige Zusatzbeiträge finanzieren, die jede Kasse in unbegrenzter Höhe erheben kann. Übersteigt der durchschnittliche Zusatzbeitrag zwei Prozent des beitragspflichtigen Einkommens eines Mitglieds, erhält dieses aus Steuermitteln die Differenz als Sozialausgleich. Dazu stellt[e] die Regierung 2011 erstmalig zusätzliche zwei Milliarden Euro zur Verfügung" [64].

3.2 Die kalte Ökonomisierung im Krankenhaus – Ökonomisierung durch Mittelentzug

3.2.1 Die deutsche Krankenhauslandschaft

In Deutschland unterscheidet man zwischen Krankenhäusern von öffentlich-rechtlichen Trägern (Bundesländer, Kreise, Städte), privatisierten Krankenhäusern (Aktiengesellschaften) und Krankenhäusern in freigemeinnütziger Trägerschaft (Kirchen, Wohlfahrtsverbände, Stiftungen) [65]. Derzeit sind die drei Sektoren mit 29,8% bei den öffentlichen, 34,6%, bei den privaten und 35,6% bei den freigemeinnützigen Krankenhäusern etwa gleich groß [66].

3.2.2 Der Weg zu den Fallpauschalen

Mit dem Krankenhausfinanzierungsgesetz in den 70er Jahren wurde eine neue Art der Abrechnung in den Krankenhäusern eingeführt: „Die mangelhafte wirtschaftliche Sicherung der Krankenhäuser und ein immer weiter fortschreitender Verfall ihrer baulichen Substanz führten 1972 zur Einführung des Selbstkostendeckungsprinzips" [67].

Das Finanzierungsmodell beruhte auf zwei Säulen: Die laufenden Betriebskosten wurden mit krankenhausindividuellen Pflegetagessätzen abgerechnet. Bund, Land und Kommune finanzierten zusätzlich die notwendigen Investitionen in die Architektur, den technischen Fortschritt und die notwendige medizinische Ausstattung [68] [69].

Ab 1993 ersetzte man das Selbstkostendeckungsprinzip durch feste Budgets und einen Mix aus „Fallpauschalen, Sonderentgelten [und] Abteilungs- und Basispflegesätzen" [70]. Seitdem klagen die Krankenhäuser über eine Unterfinanzierung, da sie nur noch das Geld ausgeben konnten, das ihnen von den Kassen zu Verfügung gestellt wurde. Zusammen mit den pauschalen Budgetkürzungen 1997, 1998 und 1999 und einer Nullrunde 2003 wurden die Krankenhäuser radikal zum Sparen gezwungen. Gespart wurde vor allem beim Personal: Reinigungskräfte wurden „outgesourct", Pflegekräfte eingespart und offene Stellen nicht neu besetzt [71]. Außerdem verschob sich die Entscheidungskompetenz in der Klinikleitung, da dem ärztlichen Direktor, der auf dem höchsten Platz in der Karriereleiter als Arzt im Krankenhaus angekommen war, oft der wirtschaftliche Sachverstand fehlte. „Weder erwartete man von den Ärzten wirtschaftlichen Sachverstand noch bemühte man sich in dieser Beziehung – etwa im Medizinstudium – um ihre Kompetenz" [72]. An die Stelle des ärztlichen Klinikleiters als Leiter des Krankenhauses trat ein kaufmännischer Geschäftsführer.

Im Rahmen der Einführung des DRG-Systems wurden alle bekannten Krankheiten und ihre Behandlungsmethoden tabellarisiert. Anstelle von undurchsichtigen Budgets traten ab 2003 Fallpauschalen, die für Transparenz bei der Abrechnung mit den Krankenkassen sorgen. Es handelt sich um ein leistungsorientiertes Krankenhausvergütungssystem, das das „Leistungsgeschehen im Krankenhausbereich transparenter machen, die Wirtschaftlichkeit fördern und die im System tagesgleicher Pflegesätze angelegten Fehlanreize insbesondere zur Verlängerung der Verweildauer beseitigen" soll [73]. Die rotgrüne Koalition erhoffte sich außerdem mehr Wettbewerb und eine Verbesserung der Qualität in den Krankenhäuser.

3.3.3 Berechnung der DRG-Preise

Während die Krankenhausfinanzierungsmodelle der Vergangenheit die krankenhaus-spezifische Situation, wie die Größe, die Lage und den Bedarf der Bevölkerung berücksichtigten, wird eine Leistung im DRG-System in allen Krankenhäusern eines Bundeslandes gleich abgerechnet. Die einzelnen Bundesländer unterscheiden sich nur dahingehend, dass es unterschiedliche Basisfallwerte gibt. Diese werden mit dem DRG-Preis multipliziert und ergeben so das dem KH von der KK erstattete Behandlungsentgelt. Der Basisfallwert wird jedoch auch immer mehr vereinheitlicht und so nähern sich die Bundesländer immer mehr an [74]. Als Grundlage der Berechnung dienen dazu die sogenannten Kalkulationskrankenhäuser, die ihrerseits „die vom Institut für das Entgeltsystem im Krankenhaus (InEK) gestellten Anforderungen an die Qualität des betrieblichen Rechnungswesen sowie der gelieferten Daten erfüll[en]" [75]. Weil nicht alle Krankenhäuser den Anforderungen des InEK gerecht werden, erfolgt die Teilnahme auf freiwilliger Basis. Theoretisch müssten alle Krankenhäuser die gleiche Chance haben, Teil der Stichprobe zu werden. Da aber nur Krankenhäuser ausgewählt werden, die den Qualitätsanforderungen des InEK nach kommen, handelt es sich faktisch um eine Gelegenheitsstichprobe. Sie ist in keinster Weise repräsentativ, wird aber trotzdem zur Berechnung der DRGs als solche herangezogen. „Vor diesem Hintergrund erscheint es plausibel, davon auszugehen, dass die tatsächlichen durchschnittlichen Ist-Kosten im Krankenhausbereich unter dem Niveau lagen, das für eine wirtschaftliche Leistungserbringung angemessen und erforderlich ist" [75]. Trotzdem orientieren sich die DRGs an diesen Durchschnittskosten.

Hinzu kommt der sogenannte Kellertreppeneffekt: Nach der Festlegung der DRGs auf der Grundlage der (nicht repräsentativen) Durchschnittskosten gibt es Krankenhäuser, deren Leistungen mehr kosten, als sie über das DRG-System ausgezahlt bekommen. In der Folge wird man versuchen, die Kosten zu senken, oder, wenn das nicht geht, die Leistung aus dem eigenen Leistungskatalog ganz streichen. In der Neuberechnung im darauf folgenden Jahr gibt es so weniger Ausreißer nach oben und die Durchschnitts-kosten sinken, was wiederum die nächsten Krankenhäuser dazu zwingt, ihre Kosten zu senken. Ein Teufelskreis in der Form einer Abwärtsspirale beginnt. Derzeit gibt es im System für diese Abwärtsspiralen keinerlei Stop-Regelungen [76].

4. Probleme im Gesundheitssystem

Die Vielzahl der Gesundheitsreformen seit 1974 reflektiert die Vielzahl von Problemen im Gesundheitssystem einerseits und die Hilflosigkeit der politischen Akteure, ihnen zu begegnen, andererseits. Zwei Grundprobleme sind hier besonders zu nennen: Auf der Einnahmeseite stellt sich das Problem einer gerechten und nachhaltigen Finanzierung. Auf der Ausgabenseite gilt es vor allen Dingen, die als zu hoch erachteten Kosten der stationären Versorgung zu kontrollieren, besser noch zu senken. Was letzteres angeht, hat man mit der Einführung der DRGs versucht, marktwirtschaftliche Elemente in der stationären Versorgung zu etablieren. 10 Jahre danach werden aber auch Probleme deutlich.

4.1 Folgen des DRG-Systems

4.1.1 Beschleunigtes Krankenhaussterben

Bereits jetzt sind 15% der Krankenhäuser von der Insolvenz bedroht. Gesundheitsökonomen erwarten, dass aufgrund des zunehmenden Wettbewerbs und der Unterfinanzierung bis 2020 8% der derzeit 2017 Krankenhäuser geschlossen werden und der Anteil der privaten Häuser weiter steigt [77] [78]. In der WirtschaftsWoche erläuterte Josef Düllings, Präsident des Verbandes der Krankenhausdirektoren Deutschland, die schwierige Situation: „2012 haben 46 Prozent der Allgemeinkrankenhäuser mit einem Defizit abgeschlossen. (…) Nur eins von zehn Häusern kann aus eigener Kraft überleben" [79].

Der Rückgang der Krankenhäuser von 2354 (1993) auf 2017 (2012) ist das Ergebnis von der Ökonomisierung und dem Mittelentzug durch die Länder [80]. Eigentlich sind die Länder durch das Krankenhausfinanzierungsgesetz von 1972 dazu verpflichtet das notwendige Geld für Sanierungen und Investitionen in neue medizinische Technik den Krankenhäusern zur Verfügung zu stellen [81], wenn diese Teil des Krankenhausplans sind. Jedes Bundesland erstellt einmal im Jahr einen Krankenhausplan, in dem alle Krankenhäuser enthalten sind, die für die Versorgung der Bevölkerung notwendig sind, weil die Sicherstellung des

Versorgungsauftrags in ihrer Verantwortung liegt [82]. Bei der Aufnahme der Krankenhäuser in den Krankenhausplan spielt vor allem der Bedarf und die Leistungsfähigkeit eines Hauses eine Rolle. Der Bedarf wird mathematisch aus der Größe der Bevölkerung, der Krankheitshäufigkeit, dem Bettennutzungsgrad und der Verweildauer berechnet und in Betten angegeben [83]. „Die gemäß der Krankenhausplanung eines Landes als bedarfsgerecht und ausreichend leistungsfähig festgestellten Krankenhäuser haben Anspruch auf ihre wirtschaftliche Sicherung (BVerwGE 72. 38 [47f.])" [84].

In der Praxis erfüllen die Länder die ihnen gestellten Aufgaben nicht: Seit langem gibt es einen Investitionsstau, der zwischen 25 und 50 Mrd. Euro geschätzt wird [85] [86] [87]. So müssen Krankenhäuser, die investieren wollen, einen Teil des Geldes über das DRG-System erwirtschaften, das – als Durchschnittswert angefallener Therapiekosten – dafür aber nicht ausgelegt ist. Unter anderem an dieser Stelle sind die privaten Krankenhausketten im Vorteil. Sie können sich das für Investitionen benötigte Kapital am Kapitalmarkt besorgen [88]. Außerdem haben sie aufgrund ihrer Größe ganz andere Kostenstrukturen: Sie profitieren durch ein einheitliches Management und sie bekommen als Großabnehmer von medizinischem Gerät und Medikamenten andere Einkaufspreise als z.B. einzelne öffentliche und freigemeinnützige Häuser. Im Gegensatz zu den einzelnen Häusern stellen sie eine echte Markmacht dar, um die es sich als Hersteller zu kämpfen lohnt. Es gibt schließlich allein vom zu erwartenden Umsatz und Gewinn Unterschiede, wenn man ein einzelnes Krankenhaus ausstattet oder aber Ketten wie Agaplesion (100 Häuser) oder Fresenius, die weltweit nach eigenen Angaben 3160 Kliniken betreiben [89] [90].

Wer jedoch annimmt, dass dieses Kliniksterben nicht politisch gewollt ist, liegt falsch. Laut den Krankenkassen ist Deutschland überversorgt: Deutschland liegt im europäischen Vergleich mit 8,3 Betten auf 1.000 Einwohner auf Platz eins [91]. Höher liegen in dem Ranking der OECD nur Japan und Korea [92]. "Wenn einzelne, unrentable Kliniken schließen, ist die Versorgung angesichts der hohen Krankenhausdichte insgesamt nicht in Gefahr, auch wenn es im Einzelfall etwa auf dem Land längere Wege bedeuten könnte", sagte Ann Marino, die stellvertretende

Pressesprecherin des GKV-Spitzenverbandes dem Spiegel [93]. In der Studie „Krankenhaus Rating Report 2012 – Krankenhausversorgung am Wendepunkt" weisen die Autoren darauf hin, dass die Verringerung der Krankenhäuser auch deshalb sinnvoll sei, weil dadurch eine Marktbereinigung stattfinden könnte, durch die der Wettbewerb verschärft werden würde. „Am Ende dieser Entwicklung sehen sie fünf große überregionale Klinikverbünde, die insgesamt einen Marktanteil von rund 60 Prozent erreichten. (…) ‚Krankenhäuser ohne erkennbare wirtschaftliche Zukunft und ohne nennenswerte Bedeutung für die regionale Versorgung' sollten aufgegeben werden, generell sollte der Gesetzgeber für mehr unternehmerische Freiheit sorgen" [94].

4.1.2 Falsche Anreize durch DRGs

Wie gehen die Krankenhäuser mit den finanziellen Problemen um? Chefärzte schließen mit ihrem Arbeitgeber Zielvereinbarungen ab, in denen sie vertraglich zusichern, dass sie eine bestimme Anzahl an Behandlungsmaßnahmen leisten, um im Gegenzug mit einem Bonus belohnt zu werden. Denn: Einige Leistungen sind sehr lukrativ für die Krankenhäuser. Die Angst und Befürchtung, dass Ärzte nicht mehr im Sinne des Patienten, sondern im Interesse ihrer Arbeitgeber Therapieentscheidungen treffen, wird von Sonia Mikich in ihrem Buch "Enteignet" bestätigt:

"Was Ärzte am Rücken vieler hunderttausend Patienten seit einigen Jahren entfachen, mutet wie ein regelrechter Furor an. Zwischen 2006 und 2011 sind allein die Bandscheibenoperationen um 38 Prozent gestiegen, zählt man die Eingriffe an der Wirbelsäule insgesamt, kommt man sogar auf eine Zunahme von beinahe 90 Prozent. [...] Der aktuelle Krankenhausreport des AOK-Instituts widmet diesem Phänomen ein ganzes Kapitel und teilt die Landkarte Deutschlands in dunkle und helle Flecken auf – Bayern ist auf diesen Karten deshalb schwarz eingefärbt, weil derzeit dort am Rücken am häufigsten geschnitten, gesaugt und geschraubt wird. Mit dem älter werden der Bevölkerung hat das herzlich wenig zu tun. [...] Es handelt sich hier vor allem um jenen Effekt, den der Münchener Sportmediziner Martin Marianowicz in seinem Patientenratgeber 'Unser Rücken' so zusammenfasste: 'Die Zahl der Operationen korreliert mit der Dichte der Neurochirurgien.' [...] Immer mehr Krankenhäuser haben in den letzten Jahren den Schmerz am Kreuz als Markt entdeckt. [...] Auf den Internetseiten wird zwar immer brav die konservative Therapie als Behandlungsmöglichkeit genannt, aber dann folgt die lange Liste neuer operativer Techniken. Und die werden vor allem anderen eingesetzt – denn die bringen das Geld" [95].

Bei der Behandlung einer Krankheit spielen die Wünsche und Bedürfnisse eines Patienten (des Königs Kunde!) unter Umständen (wirtschaftliche Schieflage des KH, Bonusvertrag des Chefarztes) nur noch eine untergeordnete Rolle, stattdessen treten wirtschaftliche Gründe bei der Wahl der Therapie in den Vordergrund.

Das Geld folgt nicht der Leistung, so wie es sich die rot-grüne Regierung bei der Einführung der DRGs vorgestellt hat, sondern die Leistung folgt dem Geld.

Im DRG-System bekommt die Klinik bei einer Bandscheibenoperation 4200 Euro. Wählt sie dagegen die konservative Therapie bestehend aus "Schmerztherapie, Rückengymnastik (und) Aufbau der Muskeln", dann können nur 2660 Euro abgerechnet werden [96]. Die steigende Anzahl an Operationen macht deutlich, dass die Kliniken sich lieber für das lukrativere Produkt entscheiden, obwohl Patienten und Krankenkassen die konservativere Therapie vorziehen würden, weil die Risiken kleiner und die Kosten geringer sind.

Im Rahmen ihrer Verträge und den darin enthaltenen Zielverträgen werden Ärzte zusätzlich animiert, die für das Krankenhaus lukrative Operation der konservativen Behandlungsmethoden vorzuziehen. Wenn sie eine bestimmte Anzahl an Patienten im Jahr behandeln, bekommen sie eine Bonuszahlung. Dabei geht es häufig um Summen im fünfstelligen Bereich. Mikich führt einen Chefarzt an, der für eine jährliche Fallzahlsteigerung um 5% im Jahr einen 40.000€ Bonus erhalten sollte. Dieser resümiert: "Wenn sie einem Arzt mit einem solchen Bonus sagen, er muss 200 Hüftimplantate einsetzen, und am Jahresende sind es nur 195, dann möchte ich nicht zu den Patienten gehören, die in der Ambulanz sitzen" [97]. Wenn man all dies zusammen zählt, dann ist es kein Wunder, dass sich die Zahl der Operationen insgesamt seit 2002 verdreifacht hat [98].

In diesem Zusammenhang sei auch auf das Ergebnis der Techniker Krankenkasse zur Zweitmeinung hingewiesen: „Das Ergebnis einer Auswertung des Programms überrascht selbst Experten: In 87 Prozent der Fälle riet das Schmerzteam - bestehend aus Schmerzmediziner, Psychotherapeut und Physiotherapeut - von einer Operation ab" [99].

4.2 Duales Kassensystem

Deutschland gehört zu den wenigen europäischen Ländern mit einem sogenannten dualen Versicherungssystem. Das heißt: neben einer allgemeinen gesetzlichen existiert eine privatwirtschaftliche Krankenversicherung. Folge: Je nach Versicherungstyp werden den Versicherten unterschiedliche Leistungen angeboten oder aber gleiche Leistungen werden unterschiedlich honoriert. Auf die hieraus folgenden Probleme will ich im Folgenden etwas ausführlicher eingehen.

4.2.1 Private Versicherung

Wenn der Patient zu den privilegierten neun Prozent der Bevölkerung gehört, die privat versichert sind, genießt er viele Vorteile: Viele der politischen Reformen, bei denen der Gesetzgeber den Leistungskatalog der gesetzlich Versicherten beschnitten hat, wurden von den privaten Krankenversicherungen nicht übernommen. Aus diesem Grund wird er mit jeder verfügbaren Therapie behandelt, bekommt jedes Medikament, egal was es kostet, und darf sich über kurze Wartezeiten beim Arztbesuch freuen, weil Privatpatienten nicht mit dem EBM, sondern mit der Gebührenordnung der Ärzte (GOÄ) abgerechnet werden [100]. Dabei zählt nicht nur die Tatsache, dass eine Leistung erbracht wurde, sondern auch, wie kompliziert die Behandlung ist. Der Faktor des Schweregrads multipliziert mit dem deutlich höheren anrechenbaren Leistungswert gemäß GOÄ ergibt das Honorar des Arztes. Diese privilegierte Behandlung hat jedoch auch Nachteile: Während den gesetzlich Versicherten immer derselbe prozentuale Anteil vom Lohn für die Krankenkasse abgezogen wird, hängt bei den privat Versicherten der Krankenkassenbeitrag vom Alter ab: Je älter und kränker man wird, umso teurer wird die Versicherung. Außerdem gibt es das Problem der Überversorgung, also Fälle, bei denen mehr Leistungen erbracht werden, als medizinisch notwendig bzw. sinnvoll sind [101].

Folge: Steigende Kosten führen zu steigenden Prämien

Die folgende Abbildung verdeutlicht die erhöhte Steigerung der Ausgaben bei der PKV seit dem Jahr 2001.

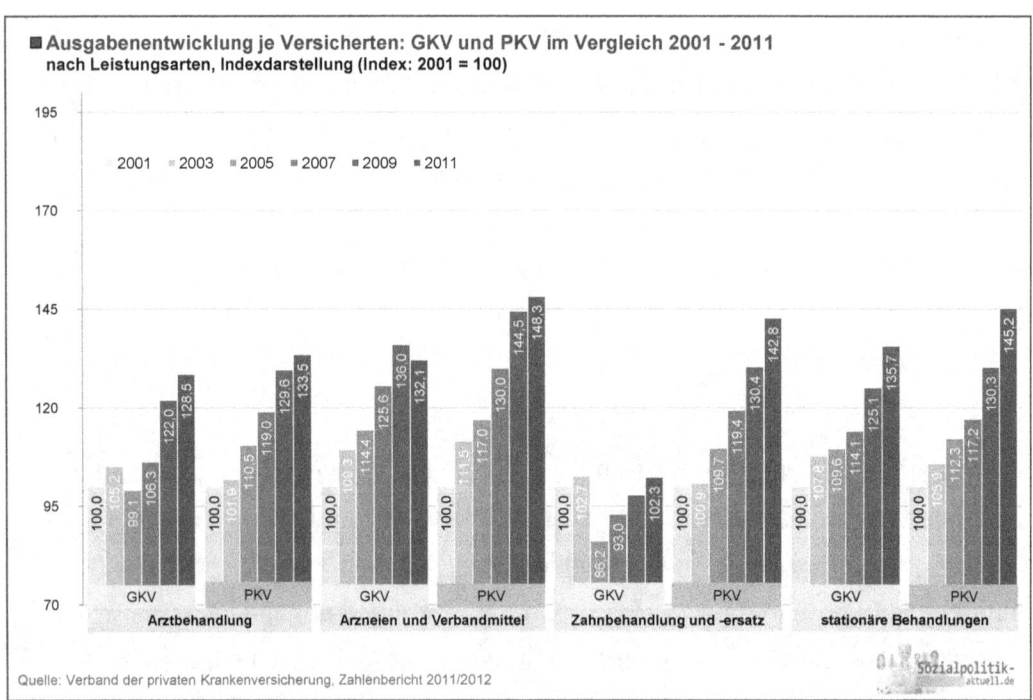

Quelle: Verband der privaten Krankenversicherung, Zahlenbericht 2011/2012

Wie man sehen kann, haben die Ausgaben der PKV deutlicher zugenommen, als die der GKV. Mit den höheren Ausgaben stiegen auch die Beiträge zwischen 2002 und 2012 um durchschnittlich 4,6% im Jahr [102]. Als Gründe für die aktuell anstehenden Prämienerhöhungen zählen neben den üblichen Verdächtigen wie der „Alterung der Gesellschaft und die gestiegene Lebenserwartung" auch der „Trend zur Verteuerung von Leistungen im Gesundheitswesen. Steigende Preise für Medikamente, Geräte oder auch für das medizinische Personal durch höhere

30

Lohnabschlüsse lassen die Kosten bei den Versicherern ansteigen" [103]. All diese Gründe könnte man auch für die GKV aufzählen, aber deren Beiträge blieben nahezu konstant.

Was sind also die entscheidenden Kostentreiber der PKV?

I) Andere Art der Abrechnung

Wie bereits oben erwähnt, rechnen die privaten Krankenkassen beim Arztbesuch mit einem anderen Abrechungssystem ab, als die gesetzlich Versicherten. So kann der Arzt für ein und die selbe Leistung viel mehr Geld mit der GOÄ abrechnen, als bei einem gesetzlich versicherten Patienten nach dem EBM. Hinzu kommt, dass die Vergütung vom Schwierigkeitsgrad abhängt, mit dem die Leistung erbracht wurde. Offenbar sind die privatversicherten Patienten nur sehr schwer zu behandeln, denn „85 Prozent der Rechnungen liegen am oberen Limit des zulässigen Gebührensatzes" [104].

II) Anderer Leistungskatalog

Der Leistungskatalog der PKV beinhaltet viele Leistungen, die bei den gesetzlich Versicherten im Laufe der Jahre aus dem Katalog gestrichen wurden. Auch darüber lässt sich das hohe Kostenniveau der PKV erklären [104].

III) Fehlende Deckelung von Leistungen

Während in der GKV Budgets, Richtgrößen, Regelleistungsvolumina und der Regress eingeführt wurde, damit die Ärzte nicht mehr alles abrechnen und verordnen können, passierte nichts dergleichen in der PKV. Auch gibt es keine Zwangsrabatte auf Medikamente und Rabattvereinigungen, weil man Angst hat, dass die Pharmahersteller sich aus dem deutschen Markt zurückziehen [könnten], weil der hiesige Listenpreis als Referenzwert für andere Märkte gilt" und dieser von der PKV gezahlt wird [104] [105].

IV) Zwang zur Prämiensteigerung

„Jährlich passen die Unternehmen die Prämien (…) an ihr Ausgabenniveau an. Wie stark sie angepasst werden, ist aber abhängig von der Kostenentwicklung in der eigenen Tarifgruppe. Lag sie um 5 Prozent über dem kalkulierten Wert, dürfen die Versicherer die Prämie erhöhen. Ab 10 Prozent müssen sie sogar anpassen" [105].

V) Geldverschwendung im Krankenhaus durch Abstandsgebot

Seit der Einführung der DRGs werden die Krankenhausleistungen für Kassen- und Privatversicherte einheitlich abgerechnet. Der Unterschied liegt in der sogenannten Wahlleistungsvereinbarung, die nur Privatversicherte abschließen können. Diese zusätzliche Vereinbarung bezieht sich meist auf zwei Dinge:

1. Chefarztbehandlung
2. komfortablere Unterbringung in 2- oder 1-Bett-Zimmern

Die besonderen Chefarzthonorare und die höheren Unterbringungskosten werden dem Versicherten gesondert in Rechnung gestellt und von der Privatkasse erstattet [106] [107]. Aber: Für die Wahlleistung Raum muss man sich als Krankenhaus qualifizieren. Die privaten Krankenkassen zahlen nur dann, wenn es einen Unterschied gibt.

Das Klinikum Lippe hat deshalb für die Wahlleistungspatienten ein spezielles Angebot erstellt: Neben einem Fön und einem „Set aus Seife, Waschgel und Körperlotion, Zahncreme und -bürste" bekommt der Patient „einen Bademantel zur Verfügung" gestellt. Im Zimmer gibt es einen Fernseher, auf Wunsch „einen kostenlosen Internetzugang" und „jeden Morgen die Tageszeitung und wöchentlich eine Fernsehzeitschrift" [108]. Auch das Angebot an Mahlzeiten ist reichhaltig: Zur Auswahl steht neben dem „abwechslungsreichen Frühstück", das „Schlemmer-Frühstück", das „Vital-Frühstück" und das „Süße Frühstück". Zum Mittagessen kann man aus vier Menüs wählen. Für den kleinen Hunger dazwischen gibt es Zwischenmahlzeiten wie Kaffee und Kuchen aus der „täglich wechselnde[n] Kuchenauswahl." Zum Abendessen kann man zwischen der „Lippischen Aufschnittsplatte", der „Fischplatte", der „Edele[n] Käseauswahl" und dem „Saisonale[n] Salatteller" wählen [109].

Bei einem solchen Angebot muss sich der Patient wirklich wie in einem Hotel fühlen, bzw. wie in einem Hotel, in dem er die Rechnung nicht bezahlen muss, weil dies seine Krankenkasse für ihn übernimmt.

Hier findet Geldverschwendung gleich an zwei Orten statt: Das Krankenhaus investiert in medizinisch nicht notwendige Angebote und die privaten Krankenversicherungen zahlen die erhöhten Rechnungen. Denn: „Kosten für Wahlleistungen werden erstattet, wenn die medizinischen Leistungen durch sie nicht beeinträchtigt werden" [110].

4.2.2 Gesetzliche Versicherung

Die große Mehrheit der Deutschen wird beim Arzt nicht privilegiert behandelt, weil sie gesetzlich versichert ist. Als Mitglied der gesetzlichen Versicherung gehört man einer Solidargemeinschaft an, bei der die Einkommensstarken für die Einkommensschwachen aufkommen. „Der soziale Auftrag der GKV besteht darin, vollen Versicherungsschutz im Krankheitsfall, unabhängig von der finanziellen Leistungsfähigkeit des einzelnen Versicherten, zu gewährleisten" [111]. Anders als bei den privat Versicherten wird die Art der medizinischen Behandlung durch das Sozialgesetz diktiert: Die Behandlungen müssen gemäß § 12 SGB V "ausreichend, zweckmäßig und wirtschaftlich sein; sie dürfen das Maß des Notwendigen nicht überschreiten." Im Alltag bedeutet das unter anderem einen kleineren Leistungskatalog als bei der privaten Krankenversicherung, Selbstbeteiligungen bei Arzneimitteln und längere Wartezeiten beim Arztbesuch. Außerdem sind einige Behandlungen für den Arzt nur ein Mal im Quartal abrechenbar (siehe Beispiel) oder sogar in der Versichertenpauschale enthalten. Zu diesen Leistungen gehören unter anderem Anamneseerhebungen, Beratungsgespräche und körperliche Untersuchungen.

Darüber hinaus gibt es Regelleistungsvolumina, also eine maximale Anzahl an Leistungen, die vom Arzt abgerechnet werden können. Die KV erstellt einen Mittelwert, indem sie die Anzahl an Behandlungsfällen vieler ähnlich gelagerter Praxen als Maßstab nimmt. Überschreitet der Arzt diesen Mittelwert, das Regelleistungsvolumen, bekommt er die zusätzlichen Leistungen nicht vergütet.

Neben den Regelleistungsvolumina gibt es zusätzlich die sogenannten Richtgrößen für Medikamente und andere, vom Arzt verordnete Leistungen. Der Arzt muss nicht nur darauf achten, das billige Ersatzpräparat (Generikum) statt des teuren Originals zu verschreiben, für jedes Medikament und jede andere vom Arzt verschriebene Leistung gibt es zusätzlich auch ein Maximum, dass er nicht überschreiten darf [112] [113]. Wird das Richtgrößenvolumen um 25% überschritten, bekommt der Arzt Post von der KV und wird zu einem „Beratungsgespräch" eingeladen. Auch beim zweiten Mal kommt der Arzt mit einer Verwarnung davon. Danach kann es für ihn teuer werden. Verstößt er abermals gegen die Vorgaben der KV und kann seine Ausgaben nicht mit praxisspezifischen Besonderheiten erklären, kann er mit bis zu 25.000 Euro für den entstandenen „Schaden" haftbar gemacht werden, wogegen er jedoch klagen kann. Diese Strafzahlung wird als Regress bezeichnet. Die Angst vor dem Regress und den möglichen Folgen (Schließung der Praxis, persönlicher Ruin etc.) führt in der Praxis dazu, dass einige Medikamente überhaupt nicht mehr verschrieben werden [114] [115].

In der Summe führen diese Maßnahmen somit zur Einschränkung der Therapiefreiheit des behandelnden Arztes, da Leistungen nicht durchgeführt werden, weil das Regelleistungsvolumen bereits ausgeschöpft ist und Medikamente aus Angst vor dem möglichen Regress nicht verschrieben werden.

4.2.3 Planungsunsicherheit bei Investitionen

Bei einem normalen Unternehmen spielt bei einer Investition neben dem zu erwartenden Gewinn die Amortisationsdauer eine wichtige Rolle. Es geht um die Frage, in welcher Zeitspanne das investierte Kapital durch die Investition wieder erwirtschaftet werden kann. Bei Kassenärzten gibt es jedoch ein großes Problem: Eine gut vergütete Leistung, die durch Anschaffung eines teuren Geräts erbracht werden kann, hat gemäß dem EBM eine Anzahl an Punkten mit einem variablen Punktwert. Je mehr Ärzte das Produkt anbieten und abrechnen, desto mehr sinkt der Punktwert aufgrund der Deckelung im EBM. Die wirtschaftlich sinnvolle Investition in ein teures Gerät kann sich so schnell als Fehlinvestition herausstellen, weil die Anzahl der Anbieter steigt und der Wert der Leistung sinkt.

4.3 Das Gerechtigkeitsproblem zwischen GKV und PKV

4.3.1 Die Sicht der PKV

Folgt man der Argumentationslinie von Dr. Frank Niehaus vom Wissenschaftlichen Institut der PVK, dann tragen die Privatversicherten dank des hohen Mehrumsatzes „überproportional zur Finanzierung des Gesundheitssystems" [116] bei. Der Mehrumsatz beschreibt die Differenz, die die PKV für dieselbe medizinische Leistung mehr zahlt als die GKV. Der Mehrumsatz beschreibt somit den „Abstand in den Finanzierungsbeiträgen beider Systeme" [116]. Den größten Teil der Mehrausgaben (50%) wird dabei durch höhere Arzthonorare verursacht [117]. Niehaus schlussfolgert: „Zusammenfassend kann festgestellt werden, dass vor allem Ärzte und Zahnärzte in zunehmendem Maße von den Privatversicherten profitieren" [118].

4.3.2 Gegendarstellung: Subventionen der GKV an die PKV

Dieser Art der einseitigen Betrachtung widerspricht Prof. Dr. U. Meyer von der Universität Bamberg: Er bestätigt, dass Arztbesuche bei privat Versicherten teurer sind als die der gesetzlich Versicherten. Er weist allerdings auch darauf hin, dass den höheren Kosten andere andere/bessere/mehr Leistungen gegenüber stehen: „Privatpatienten werden, jedenfalls zum Teil, bevorzugt behandelt bei der Terminvergabe, Arztgespräche dauern länger, es werden häufiger teure Behandlungen und Diagnosemethoden eingesetzt. Insoweit sind Mehrausgaben nicht als Subventionen zu interpretieren" [119].
Zudem subventioniert die GKV die PKV in vielen Bereichen:

I) schlechte Risiken
Privatversicherungen können Risikopatienten ablehnen, Risikoaufschläge verlangen oder diesbezügliche Leistungen aus dem Versicherungskatalog ausschließen; die GKV kann das nicht. Folge: „Die richtig teuren Versicherungsnehmer bleiben also in der GKV; das stellt eine Subventionierung der PKV durch die GKV in Milliardenhöhe dar" [120].

II) Altersstruktur

In der GKV sind nicht nur die Kränkeren, es sind auch die Älteren und damit kostenträchtigeren Patienten überproportional versichert. Auch hier findet eine Selektion zuungunsten der GKV statt und „auch das ist eine Subvention in Milliardenhöhe" [120].

III) Rückstellungen

Die Gesundheitskosten steigen mit dem Alter. Dadurch erhalten Ältere mehr Gesundheitsleistungen, als es ihrem Beitrag entspricht. Finanziert werden diese Leistungen durch die Jüngeren, die weniger Leistungen in Anspruch nehmen (Umlageprinzip). Dies ist bei der PKV und deren Kapitaldeckungsverfahren anders: Hier wird der Überschuss der Jungen für deren eigenes Alter als Alterungsrückstellung angespart. Die Rückstellungen werfen jahrzehntelang Zinsen ab und ermöglichen so niedrigere Prämien. Meyer kommt zu dem Schluss: „Dadurch, dass der Staat die Privatversicherten im Gegensatz zu den gesetzlich Versicherten von der Verpflichtung freigestellt hat, sich in jungen Jahren mit ihrer Prämie an der Last der Unterstützung der jeweils Alten zu beteiligen, können ihre Beiträge ceteris paribus niedriger sein als in der GKV. Auch das stellt eine milliardenschwere Subventionierung der privaten durch die gesetzlich Versicherten dar" [121].

IV) beitragsfrei Mitversicherte

Durch die beitragsfreie Mitversicherung von Kindern entscheiden sich vor allem kinderreiche Familien eher für die gesetzliche Versicherung. „Im Ergebnis gibt es in der GKV systematisch deutlich mehr mitversicherte Kinder als in der PKV" [122]. Die GKV-Versicherten müssen mit ihren Prämien für mehr Kinder aufkommen, was deren Beiträge erhöht und niedrigere Beiträge der PKV ermöglicht.

V) Pflichtversicherungsgrenze

Wie schon oben ausgeführt herrscht in der GKV das Solidaritätsprinzip. Der Beitrag steigt linear mit dem Einkommen bis zur Beitragsbemessungsgrenze. Bis dahin „findet zwischen Versicheren mit verschiedenem Einkommen eine sozialpolitisch gewollte Umverteilung statt. Versicherte mit höherem Einkommen unterstützen mit ihrem höheren Beitrag Versicherte mit niedrigeren Einkommen" [122]. Die Pflichtversicherungsgrenze ist faktisch eine Solidaritätsgrenze. Wer so viel verdient, dass er über dieser Grenze liegt, kann sich aus der Solidargemeinschaft verabschieden. Sein jetzt der GKV fehlender Beitrag zwingt diese zu allgemein höheren Beiträgen oder anders ausgedrückt: „Die Subvention zugunsten der PKV liegt in diesem Punkt darin, dass ohne PKV, also ohne die Möglichkeit, sich in der PKV versichern zu können, der Beitragssatz in der GKV niedriger wäre" [123].

Meyer kommt daher zum gegenteiligen Schluss: Nicht die Schwachen profitieren, sondern die Schwachen subventionieren auch noch die Starken [124] [125]!

4.4 Evidenzbasierte Medizin? – Der Einfluss der Pharmaindustrie

Abschließend möchte ich den Bereich der Pharmaindustrie bei der Aufzählung der wichtigsten Probleme im Gesundheitswesen nennen, auch wenn ich hierauf bei der Diskussion von Lösungsvorschlägen nicht näher eingehe. Dieser Bereich ist ein gutes Beispiel dafür, wie ein an sich sinnvolles Gesetz im Gesundheitssystem geradezu katastrophale Folgen nach sich zieht. Mit der 12. AMG-Novelle 2004 wurden die Zulassungsanforderungen an ein Medikament verschärft [126]. Als Voraussetzung für eine Zulassung war der Wirksamkeitsnachweis durch eine qualitativ hochwertige, in der Regel doppelblinde, randomisierte und placebokontrollierte Studie zu erbringen.
Die Kosten für die Evidenz aber sind hoch!

4.4.1 „Evidence is where the money is."

In Deutschland werden die aufwendigen Studien, die den Nutzen von Medikamenten belegen und für das Zulassungsverfahren von Medikamente notwendig sind, von den Herstellern in Auftrag gegeben. Bei dieser Art der Erforschung des Nutzens gibt es gleich mehrere Probleme:

(1) Die Auftraggeber entscheiden, ob die Studie am Ende veröffentlicht oder aber geheim gehalten wird. Im Normalfall werden nur positive Studien veröffentlicht [127].

(2) Die Studien sind laut Wolf-Dieter Ludwig, dem Vorsitzenden der Arzneimittelkommission der Deutschen Ärzteschaft, „nicht geeignet, den Patientennutzen zu bewerten, sondern lieferten nur Ergebnisse, die unter besonderen, oft alltagsfernen Bedingungen gewonnen wurden. ‚Wenn ein Medikament neu zugelassen worden ist, kann der Arzt häufig nicht beurteilen, ob er für seinen Krebspatienten einen Nutzen erwarten kann', sagte Ludwig. Kriterien für den Patientennutzen seien zum Beispiel eine zu erwartende relevante Verlängerung der Lebenszeit, eine Verkürzung der Krankheitsdauer oder eine Verbesserung der Lebensqualität zum Beispiel durch Schmerzreduktion" [128].

(3) Die Ergebnisse der Studien unterliegen keiner objektiven Kontrolle [129].

So gilt in Deutschland: „Evidence is where the money is." Diejenigen, die die teuren Studien in Auftrag geben, sorgen dafür, dass ihre Medikamente auch zugelassen werden, weil negative Ergebnisse nicht veröffentlicht und die Ergebnisse der Studien nicht kontrolliert werden. In Amerika ist die Food--and--Drug--Administration (FDA) für die Zulassung bei Medikamenten verantwortlich. Wobei es auch hier Kritik gibt, weil die Untersuchungen, die dort zur Zulassung von Medikamenten eingereicht werden „nicht notwendigerweise in peer--reviewed Journals" veröffentlicht sein müssen. Sie unterliegen so nicht noch einmal der Kontrolle durch unabhängige Forscher, die die Forschung kontrollieren und ihre Sicht der Dinge veröffentlichen [130].

Aber: Im Gegensatz zu Deutschland gibt es in den USA unabhängige Pharmaforschung durch das National Institute of Health (NIH).

4.4.2 Einflüsse der Pharmaindustrie auf den Gesundheitssektor

Transparency International zufolge werden jedes Jahr in Deutschland 9,4 Mrd. Euro ausgegeben, „um Mediziner und andere Vertreter des Sektors zu beeinflussen" [131]. Diese hohen Zahlen lassen sich dadurch erklären, dass Beeinflussung, Bestechung und Korruption im Gesundheitswesen lange Zeit nicht strafbar waren. Der Bundesgerichtshof urteilte im Sommer 2012, dass niedergelassene Ärzte gar nicht bestochen werden können, weil sie als Freiberufler keine direkten Angestellten der Krankenkassen sind. Als Antwort auf diese Gesetzeslücke verabschiedete der Bundestag 2013 „ein Gesetz gegen Korruption im Gesundheitswesen. Es sieht Haftstrafen von bis zu drei Jahren vor. Zudem drohen korrupten Ärzten, Apothekern, Krankenkassen und anderen Leistungserbringern empfindliche Geldbußen. Staatsanwälten soll ermöglicht werden, besser wegen Bestechlichkeit und Bestechung in Praxen und Kliniken zu ermitteln" [132]. Doch das Gesetz hat Lücken, es können nur Kassenärzte verurteilt werden, weil Privatärzte nicht im Gesetz enthalten sind. Für sie gelten die neuen Bestimmungen nicht. Das Ärzte-Netzwerk MEZIS (Mein Essen zahl' ich selbst) kritisiert außerdem, „dass das Anti-Korruptions-Gesetz nicht in das wichtige Strafgesetzbuch, sondern nur in das Sozialgesetzbuch verankert" wurde [133]. Mit dem neuen Recht entstand zusätzlich ein Drei-Klassen-Strafrecht, indem die Klinikärzte mit dem Strafgesetzbuch, die Kassenärzte mit dem Sozialgesetzbuch und die Privatärzte überhaupt nicht zur Verantwortung gezogen werden. An dieser Stelle ist es interessant, dass ein Gesetz gegen die Abgeordnetenbestechung von Parlamentariern im Bundestag, über das ebenfalls an diesem Tag abgestimmt wurde, scheiterte [133].

4.4.2.1 Ärztliche Fortbildungsmaßnahmen

Ärzte sind seit 2004 per Gesetz dazu verpflichtet, sich regelmäßig fortzubilden. Innerhalb von fünf Jahren müssen sie 250 Fortbildungspunkte ansammeln, sonst verlieren sie ihre Zulassung [134]. Aber Fortbildungsmaßnahmen können teuer sein. Deshalb ist es für viele Ärzte attraktiv, kostenlose Fortbildungen der Pharmaindustrie in Anspruch zu nehmen, bei denen, selbstverständlich, auch die

Produkte des Sponsors angepriesen werden. Die Zahlen erschrecken: 2/3 der ärztlichen Fortbildungen werden von der Pharmaindustrie gesponsert, und sogar 90% der Fortbildung im Internet wird von den Pharmafirmen finanziert [135].

4.4.2.2 Weitere Versuche die Ärzte zu beeinflussen

15.000 Pharmavertreter besuchten die Ärzteschaft „nach Schätzungen bundesweit immerhin bis zu 25 Millionen pro Jahr. (…) Ob Einladungen zu Reisen und Kongressen, kostenlose Arzneimuster, regelmäßige Beratungshonorare oder stattliche Forschungszuschüsse - die Lobby knausert nicht, wenn es darum geht, ihre Produkte in den Markt zu drücken" [136]. Außerdem fördern die Pharmaunternehmen Studien, sie geben Fachartikel mit positivem Fazit bei entsprechenden Agenturen in Auftrag und nennen als Autoren namhafte Mediziner und sie veröffentlichen eigene Zeitschriften: „Es gibt viele Ärzte, die sich aus diesen unseriösen Quellen informieren, auch weil sie relativ schnell zu lesende Zusammenfassungen klinischer Studien enthalten", sagte Wolf-Dieter Ludwig, Chef der Arzneimittelkommission der deutschen Ärzteschaft, der Welt [137].

5. Lösungsvorschläge

Bei der Vielzahl und Komplexität der dargestellten Probleme kann es nicht eine einzige Lösung aller Probleme geben. Ich möchte mich deshalb auf zwei Lösungsvorschläge konzentrieren, die gänzlich unterschiedliche Probleme adressieren. Der erste Lösungsvorschlag betrifft die grundsätzliche Finanzierung des Gesundheitssystems, die nach Ansicht ihres prominenten Protagonisten Karl Lauterbach neu organisiert werden muss. Der zweite Lösungsvorschlag fragt inhaltlich, wofür die zur Verfügung stehenden Mittel ausgegeben werden sollten. Hier wird eine inhaltliche Neubestimmung der Medizin gefordert. Zunächst will ich aber auf das Konzept der Bürgerversicherung von Karl Lauterbach eingehen.

5.1 Die Bürgerversicherung

Solidarisch, gerecht und leistungsfähig – mit diesen Worten bewirbt die SPD die Bürgerversicherung [138]. Der SPD-Politiker und Gesundheitsökonom Karl Lauterbach gilt als einer der Erfinder des Konzepts.

Karl Lauterbach ist aufgrund seines Bundestagsmandats beurlaubter Professor für Gesundheitsökonomie und klinische Epidemiologie an der Universität Köln. Der Gesundheitspolitiker sitzt seit 2005 im Bundestag. Zwischen 1999 und 2005 war Lauterbach Mitglied des Sachverständigenrates für die Begutachtung der Entwicklung im Gesundheitswesen [139]. Karl Lauterbach setzt sich für die Abschaffung des dualen Krankenkassensystems ein, um damit die Zwei-Klassenmedizin in Deutschland zu bekämpfen.

Bei der Bürgerversicherung werden alle Bürger einheitlich mit dem selben Tarif, dem Bürgertarif, versichert. Ausnahmen für Gutverdiener, Beamte, Selbstständige und die anderen Berufsgruppen, die sich derzeit privat versichern können, sind nicht vorgesehen. Außerdem wird der Beitrag nicht nur aus dem Lohn-Einkommen berechnet, es werden auch auf alle anderen Einkommensarten wie Miet-, Zins- und Kapitaleinkünfte mit einbezogen. Die Rürup-Kommission schätzte 2003, dass dadurch der Beitragssatz „auf unter 11% im Jahre 2007 [hätte] sinken" können

[140]. Genauso gut könnte aber auch der Leistungskatalog der gesetzlichen Versicherung erweitert werden, oder die Vergütung der Leistungen verbessert werden. Die Ärzteverbände haben große Angst vor der Bürgerversicherung und dem Wegfall der Einnahmen der Privatversicherten und laufen deshalb Sturm gegen das Konzept, das mittlerweile sowohl die SPD, die Grünen als auch die Linken einführen wollen. Die privaten Krankenkassen sind natürlich auch überhaupt nicht begeistert und warnen vor der Einheitskasse [141]. Die Barmenia verschickte anlässlich der Bundestagswahl 2013 sogar einen Brief an ihre Mitglieder, um sie vor den katastrophalen Folgen der Bürgerversicherung zu warnen:

„Mit einer Bürgerversicherung wird es – wie in Großbritannien, Spanien, den Niederlanden oder Schweden – ein Einheitssystem geben. **Zu den unerwünschten Folgen** zählen beispielsweise längere Wartezeiten für Operationen, Ausschluss und Rationalisierung von medizinischen Leistungen oder Einschränkungen in der Therapiefreiheit. So warten die Briten 18 Wochen auf einen Facharzttermin, die Niederländer bis zu einem Jahr auf eine Operation und wer in Schweden eine Hüftoperation erhält oder nicht, entscheidet die Provinzverwaltung.

Die Bürger(zwangs)versicherung führt also zu echter Zwei-Klassen-Medizin! Nur wer mit guten finanziellen Möglichkeiten ausgestattet ist, wird sich den Zugang zur Spitzenmedizin erkaufen können. Wollen Sie das?" [142]

Das inhaltliche Problem bei dem Text ist, dass die Zwei-Klassen-Medizin, dank der Trennung der Bevölkerung in gesetzliche und private Versicherte, in Deutschland leider längst Realität ist [143]. Das Einheitssystem, das die Krankenkassen fürchten, gibt es laut Lauterbach jedoch nicht. Weiterhin würden die Krankenkassen miteinander im Wettbewerb stehen. Die privaten Krankenkassen müssten sich dahingehend ändern, dass die Beiträge nicht mehr vom Krankheitsrisiko und vom Alter des Patienten abhängen, sondern ausschließlich vom Einkommen. Außerdem wird es auch bei der Bürgerversicherung einen Leistungskatalog geben, dessen Ausweitung durch zusätzliche Versicherungen Gewinne für die privaten Krankenkassen versprechen.

Die Beitragsbemessungsgrenze bleibt in Lauterbachs Konzept erhalten, weil sonst statt einem Beitrag eine Steuer erhoben werden würde und dies „nicht dem

Charakter einer wettgewerblichen Versicherung, sondern in der Tat eher einer Art staatlichen Einheitskasse, die abzulehnen ist", entsprechen würde [144]. Die Partei Die Linke dagegen möchte die Beitragsbemessungsgrenze komplett streichen, damit alle Bürger mit dem selben Prozentsatz in die Kasse einzahlen: „Der Beitrag richtet sich damit nach der finanziellen Leistungsfähigkeit: Wer wenig hat, zahlt wenig, wer mehr hat, zahlt mehr" [145].

Wie auch immer die Realisierung der Bürgerversicherung aussähe, im Ergebnis könnte mit ihr die Zwei-Klassen-Medizin in Deutschland bekämpft und die Beiträge könnten um mehrere Prozentpunkte sinken. Lauterbach glaubt, dass erst im Jahr 2030 der Beitrag wieder um 15% läge, weil dann die demographische Entwicklung bewältigt werden müsste [146].

5.2 Paradigmenwechsel durch demographischen Wandel?

In der Sendung „Politikum" bei WDR5 [147] forderte Ferdinand Gerlach ein Umdenken, ja einen Paradigmenwechsel in der Medizin. Es sei falsch, dass unser Gesundheitssystem vorrangig für Krankheiten bezahle. Mit einem Anreizsystem, in dem die intensivere Versorgung schwerer Krankheiten dem Arzt oder dem Krankenhaus die meisten Einnahmen erbringe. Damit bliebe zum Beispiel der wichtige Bereich der Prävention unterbelichtet. Typisches Beispiel: Osteoporose (siehe unten). Stattdessen sollte man lieber die Gesundheit finanzieren mit einem Anreizsystem, schwere Krankheiten möglichst zu vermeiden.

Das Konzept klingt auf den ersten Blick ebenso wirklichkeitsfremd wie bestechend – was verbirgt sich dahinter?

Ferdinand M. Gerlach ist Professor für Allgemeinmedizin an der Universität Frankfurt. Er ist aber auch (seit 2012) Vorsitzender des Sachverständigenrates für die Begutachtung der Entwicklung im Gesundheitswesen. Und er arbeitet als Arzt in einer Praxis [148]. Was er fordert ist eigentlich zweierlei: Einen Paradigmenwechsel in der Medizin und einen Paradigmenwechsel in der Finanzierung.

Was die Medizin betrifft, hat Gerlach seine Überlegungen in dem zweiteiligen Artikel: „Neue Perspektiven in der allgemeinmedizinischen Versorgung - Wider die Dominanz des Dringlichen" niedergelegt. Ausgangspunkt seiner Überlegungen ist der demographische Wandel, auf den unsere derzeit ausgeübte Medizin schlecht oder nicht ausreichend gut eingestellt sei. Die aktuelle Versorgung namentlich in einer Hausarztpraxis beschäftigt sich vorrangig mit der Versorgung akut aufgetretener Gesundheitsstörungen, also mit dem Dringlichen (Herr Müller, 64 Jahre, Diabetiker, kommt mit akut aufgetretenen Knieschmerzen in die Praxis). Hierfür seien die vorhandenen Strukturen gut und effektiv/effizient. Der demographische Wandel wird aber – so die These – das Dringliche bald in den Hintergrund rücken. In den Vordergrund treten stattdessen chronische Erkrankungen: Herz-Kreislauferkrankungen, Schlaganfall, degenerative Gelenkerkrankungen/Osteoporose, Depression, Krebs [149]. Diese These wird durch die Zahlen des statistischen Bundesamts und internationale Untersuchungen untermauert: „Bereits im Jahr 2000 waren 46% aller Erkrankungen chronisch, und bis 2020 wir der Anteil auf 60% steigen (…). In den USA leiden über die Hälfte aller chronisch Kranken an mehr als einer chronischen Erkrankung. In Deutschland hatten Ende der 90er Jahre ca. 43% eine chronische Erkrankung. Unter den über 65jährigen gilt dies für etwa 70%." Die Folge: „80% aller Beratungen in einer Hausarztpraxis betreffen chronische Erkrankungen" [150].

Chronische Erkrankungen folgen einem Zeitschema. Gerlach macht das am Beispiel des Diabetes deutlich. Anfangs besteht eine genetisch bedingte Disposition (= Anfälligkeit für die Krankheit, zB. eine Erbanlage), durch das eigene Verhalten und/oder Umweltfaktoren ergibt sich eine Risikokonstellation (Übergewicht). Aus dieser Risikokonstellation folgen erste, noch nicht klinisch manifeste, dass heißt den Patienten beeinträchtigende Auffälligkeiten (gestörte Glukosetoleranz), weitere Auffälligkeiten (Eiweißausscheidung im Urin) kommen hinzu. Irgendwann stellt der Hausarzt einen erhöhten Nüchternblutzucker und damit die Diagnose fest. In den Folgejahren kommt es zu den typischen diabetischen Komplikationen: Durchblutungsstörungen, Augen- und Nierenschädigungen usw. [151].

Gerlachs These: Die Medizin von morgen sollte sich vielleicht nicht weniger um die Versorgung akuter Gesundheitsstörungen kümmern, sicher aber mehr um die viel frühere Erkennung chronischer Erkrankungen (deren Manifestation damit möglicherweise zu verhindern wäre). Und dies nicht zufällig, sondern strukturiert, anhand populationsbasierter Daten.

Die praktische Umsetzung geschieht vorrangig in der Hausarztpraxis: „Die Hausarztpraxis ist der Ort für die Versorgung chronisch Kranker. 80% der Beratungen betreffen direkt oder indirekt chronische Erkrankungen (…) Die Hausarztpraxis biete als einzige medizinische Versorgungsinstanz für den einzelnen chronisch erkrankten Patienten die Chance, nacheinander über verschiedene Phasen der Erkrankung von ein- und demselben Arzt bzw. Praxisteam betreut zu werden" [152].

Aber wie soll das geschehen? Hier nennt Gerlach zwei Stichwörter: Disease Management und Case Management. Disease Management Programme wurden in Deutschland für einige wenige Erkrankungen wie den Diabetes mellitus bereits eingeführt. „Es zeigte sich, dass sich einzelne Versorgungsparameter (Durchführung von Therapiekontrollen wie Fußinspektion und Augenhintergrunduntersuchungen) bei eingeschriebenen Patienten bereits im ersten Jahr der Laufzeit positiv veränderten." Aber: Die Stoffwechseleinstellung verbesserte sich nur gering und: „Unklar bleibt jedoch, ob sie (die DMPs) die Kosten der Versorgung (insbesondere durch die Reduktion von Komplikationen und deren aufwändiger Behandlung) nachhaltig senken können" [153].

Disease Management soll, wie der Name schon sagt, bestimmte, häufige Erkrankungen systematisch erfassen, strukturiert therapieren und anhand festgelegter Kriterien qualitativ kontrollieren. Das Case Management bezieht sich auf den einzelnen Patienten: Hier geht es um die individuelle Umsetzung der im Disease Management formulierten Ziele, die sich an das Chronic Care Modell von Wagner anlehnen und darüber hinaus praxisspezifische Werkzeuge wie Patientenregister, Recall- und Remindersysteme etc. umfassen [154].

Ziel der Gerlach'schen Überlegungen ist eine strukturierte Erfassung und Therapie chronischer Erkrankungen in einer Primärversorgungspraxis unter Einbeziehung örtlich vorhandener zusätzlicher Ressourcen: „Die Arztpraxis ist außerdem Teil eines umliegenden Gemeindewesens, d.h. eingebettet in weitere lokale Ressourcen und gemeindenahe Angebote…" [155]. Gerlach greift den „Quartiergedanken" auf, mit einem lokalen Netz unterschiedlichster und sehr individueller Hilfsstrukturen, die zum Beispiel einen multimorbiden alten Menschen in der Bewältigung seiner krankheitsbedingten Einschränkungen unterstützen. Hier treten familiäre, nachbarschaftliche und gemeindeassoziierte nicht-professionelle Strukturen auf der einen, sekundärversorgende ambulant-fachärztliche bzw. im stationären Bedarfsfall das Krankenhaus der primärärztlichen Versorgung zur Seite [156].

Der Paradigmenwechsel, der diesen Überlegungen, die aus dem demographischen Wandel folgen, innewohnt, ist enorm. Er fordert nicht nur ein neues medizinisches Denken, das die Herausforderungen des demographischen Wandels nicht nur annimmt, sondern auch als Chance zu einer besseren Volksgesundheit (= Public Health) begreift.
Darüber hinaus fordert er ein völlig neues Vergütungssystem. Die bisherige Vergütung orientierte sich an der Krankheit. Je schwerer die Erkrankung und je invasiver die Therapie, desto höher die Vergütung. Dementsprechend kann man die enorme Zunahme invasiver/operativer Eingriffe mit fraglicher Indikation in den letzten 10 Jahren erklären. Hilfe für Betroffene bieten die Krankenkassen mit Zweit-Meinungsuntersuchungen, bei denen die Patienten von einem Spezialisten ein zweites Mal untersucht werden. Beispiel Techniker Krankenkasse: „Jeder Versicherte hat das Recht, bei Zweifeln an der vorgeschlagenen Therapie einen anderen Arzt aufzusuchen, um sich eine zweite Meinung einzuholen" [157].

Umsteuern heißt hier: im Rahmen der Primärversorgung Gesundheitsrisiken früh genug erkennen, um die Entwicklung zu schweren Erkrankungen und damit invasiven Behandlungen möglichst zu vermeiden. Eben das meint Gerlach wenn er fordert, lieber die Gesundheit als die Krankheit zu finanzieren.

Wie wenig dies im jetzigen Vergütungssystem abgebildet ist, wird am Beispiel der Volkskrankheit Osteoporose deutlich. Zur Früherkennung wäre die Durchführung einer Knochendichtemessung sinnvoll. Diese Knochendichtemessung als Präventionsmaßnahme ist aber im Leistungskatalog der gesetzlichen Krankenversicherung nicht abgebildet. Die Kasse zahlt die Messung erst, wenn der Schaden zum Beispiel in Form einer Wirbelkörpersinterungsfraktur bereits eingetreten ist [158].

Natürlich ist nicht jede Untersuchung oder medizinische Maßnahme in dieser Hinsicht sinnvoll. Hier eben muss die Versorgungsforschung einsetzen, um populationsbezogen Risikogruppen zu identifizieren und sie in entsprechende Präventionsprogramme einzubinden. Die ärztliche Vergütung könnte durch ein Kopfpauschalensystem (Capitation, Pay for Performance…) erfolgen, wobei deren Nachteile aus amerikanischen Erfahrungen möglichst vermieden werden sollten (siehe dazu die Homepage der American Medical Association mit ihren Warnungen und Hinweisen zur Ausgestaltung von Kapitationsverträgen) [159] [160].

Chronical Care und DRG – Ist das Fallpauschalensystem dem demographischen Wandel gewachsen?

Wie oben dargestellt, wurden die diagnosebezogenen Fallpauschalen 2003 in Deutschland eingeführt. Die Bilanz fiel fünf Jahre später überwiegend positiv aus. Zu diesem Zeitpunkt rechneten bereits 95 Prozent aller Krankenhäuser nach diesem System ab [161].

Mit der Einführung der DRGs wurden verschiedene Ziele verbunden, an erster Stelle sollte natürlich die Wirtschaftlichkeit und Effizienz des Krankenhaussystems verbessert werden, zum Beispiel durch Eliminierung falscher Anreize. Trotz einer bereits in den Jahren vor der Einführung der DRG beobachtbaren kontinuierlichen Senkung der Krankenhausverweildauer sah man in der Krankenhausfinanzierung per Tagessatz ein Grundübel, welches zwei Nachteile in sich vereinte: Zum einen falsche Anreize: Es gab keinen Grund für das Krankenhaus, interne Abläufe zu optimieren um damit den Patienten effektiver zu behandeln und früher zu entlassen.

Stattdessen wurde das KH für längere Verweildauern auch noch belohnt: „Das Interesse des Managements richtet sich weniger darauf, Kosten zu vermeiden als sie nachzuweisen und zu rechtfertigen" [162]. Zum anderen beinhaltet dieses Entgeltsystem völlige Intransparenz, da völlig unklar war, für welche Leistung die Kassen überhaupt bezahlten.

Mit der Einführung der DRG kam es zu einem grundsätzlichen System-, ja zu einem Paradigmenwechsel! Berücksichtigte das vorherige Finanzierungssystem individuelle Gegebenheiten eines Krankenhauses (Einkaufspreise, regionale Struktur, Art der Versorgung) in den jährlichen Pflegesatzverhandlungen, sollte mit der Einführung der DRG bundesweit ein Preis für eine Leistung gelten. Um die im Krankenhaus erbrachten Leistungen zu erfassen und mit den Kassen abzurechnen, wurde mit einem gigantischen Aufwand in allen Krankenhäusern der Republik eine EDV-Infrastruktur geschaffen. Jede Leistung am Patienten wird als Prozedur nach einem OPS-Katalog verschlüsselt und „generiert", zusammen mit der Erfassung von Haupt- und Nebendiagnosen einen Betrag, der schließlich von den Kassen für diesen Patienten zu bezahlen ist. Dabei wird dieser Betrag entscheidend von der zur Einweisung führenden Hauptdiagnose bestimmt. Durch invasive Prozeduren oder schwere Nebendiagnose kann je nach Hauptdiagnose per Komplikations- und Komorbiditätslevel noch einmal die Fallschwere variieren, was sich wiederum auf den generierten Erstattungsbetrag auswirken kann. Schon bald nach der Einführung wurde klar, dass die korrekte Kodierung durch die am Patienten tätigen Ärzte nicht zu bewältigen war. Den Investitionen in die DRG- verbundene Hard- und Software folgten Investitionen für medizinisches Controlling-Personal. Dies zeigt sich auch in den Personalstatistiken: Seit Jahren versuchen die Krankenhäuser die Unterfinanzierung durch Personalabbau vor allem im Pflegebereich zu kompensieren. Gleichzeitig stieg die Beschäftigung von Ärzten im gleichen Zeitraum leicht an. Und dies war nur zum Teil der europäischen Arbeitszeitgesetzgebung (Dienstzeit = Arbeitszeit) geschuldet [163].

Nach 10 Jahren Erfahrungen mit DRG zeigt die Bilanz:

- Eine Kostendämpfung ist nicht eingetreten!
- Die Absenkung der Verweildauer hat sich nicht beschleunigt.
- Viele, besonders kleine, ländliche Krankenhäuser mussten aus wirtschaftlichen Gründen schließen.
- Die Qualität der medizinischen Versorgung hat sich nicht verbessert, dazu später mehr.

Einziger, wirklicher Erfolg ist die gewonnene, totale Transparenz zu hohen Kosten. Die Krankenkassen, die wie das Krankenhaus endlich die volle Kostenkontrolle bekommen haben, sehen diese Entwicklung natürlich positiv. Transparenz ist aber ein sehr zweischneidiges Schwert.

In seinem Neuentwurf eines Gesellschaftsvertrags beschreibt John Rawls den „Schleier des Nichtwissens" als wesentliches Element, unter dem die Bedingungen des Vertrags ausgehandelt werden. Dieser Schleier verhindert den Bias des Eigeninteresses und ist so die Voraussetzung für Gerechtigkeit und Fairness in den Vertragsbedingungen [165].

Diesen Schleier des Nichtwissens gab es auch in der Intransparenz der Krankenhausfinanzierung vor Einführung der DRGs. Er bedeutete größtmögliche medizinische Unabhängigkeit. Der Patient konnte in seiner Ganzheit gesehen und diagnostiziert werden, ohne auf etwaige Kosten Rücksicht zu nehmen. Diese waren ja über die Tagessätze abgegolten und insgesamt pauschal – was der eine mehr kostete, kostete ein anderer weniger. Mit den DRGs ist jetzt völlige Transparenz hergestellt. Der Leistungsanbieter, das Krankenhaus weiß genau, welche medizinischen Leistungen den größten Profit versprechen. Nicht ohne Grund hat die Zahl fraglich indizierter operativer Eingriffe zugenommen. Nicht ohne Grund sprießen die Perinatalzentren. Man kann den Krankenhäusern hierbei keinen Vorwurf machen. Sie sollen schließlich ökonomisch, das heißt kommerziell erfolgreich handeln. Und dass dies – dank Transparenz – möglich ist, zeigen die vielen privaten Anbieter, die bei der Krankenversorgung auch noch private Gewinne abschöpfen können.

Mit der Abrechnung nach Hauptdiagnose ist ein Blick auf den ganzen Menschen zwar immer noch möglich, hinsichtlich der dadurch verursachten Kosten aber schädlich, da das System weiteren diagnostischen oder therapeutischen Aufwand nicht finanziell honoriert. Die medizinische Versorgung muss sich auf die Hauptdiagnose fokussieren. Dies zeigt sich in den immer spezialisierteren Fachabteilungen und hat auch einen Niederschlag in der Ausbildung gefunden, bei der es den langjährig in möglichst vielen Fachbereichen ausgebildeten Internisten kaum noch gibt. Da das System gleichzeitig zu vielen Krankenhausschließungen führte und immer noch führt, muss und soll ja auch die Patientenversorgung zunehmend in den Ambulanzbereich verlagert werden. Damit verbleiben für die stationäre Versorgung neben den Akutkranken vor allem die alten, chronisch kranken und multimorbiden Patienten „übrig". Deren Versorgung auf die jeweilige Hauptdiagnose zu beschränken, wird weder der demographischen Entwicklung, noch dem Patienten gerecht.

Die Zunahme medizinisch fraglich indizierter Eingriffe einerseits, die Beschränkung der medizinischen Versorgung auf Hauptdiagnosen sind nur zwei Beispiele einer qualitativen Verschlechterung der medizinischen Versorgung im Zeitalter der DRGs. Vor diesem Hintergrund ist die Feststellung Berwicks: „Every system is perfectly designed to achieve the results it achieves" [166] nur zynisch zu nennen. Zumindest wird deutlich, dass in Anbetracht des demographischen Wandels sich der Paradigmenwechsel nicht nur auf die Hausarztpraxis beschränken kann. Und der Schaden, der bereits jetzt durch das Sterben der kleinen, quartiernahen Krankenhäuser gerade für die Versorgung chronisch Kranker entstanden ist, kann derzeit kaum ermessen werden.

6. Ein Praxisbeispiel: Die Patientin im System

Nachdem ich in den vorangehenden Abschnitten die Probleme der Ökonomisierung im Gesundheitswesen mehr abstrakt und allgemein erörtert habe, möchte ich diese Probleme anhand eines konkreten Beispiels illustrieren. Der vorgestellte Fall ist authentisch. Ich verdanke ihn Dr. med. Ekkehart Thießen, meinem Vater, aus dessen Arbeit im Krankenhaus.

6.1 Fallvorstellung

Frau Helena B., geb. 1937, wird ins Krankenhaus eingewiesen zur Abklärung linksseitiger Unterbauchschmerzen. Trotz ihres hohen Alters ist sie geistig völlig klar und in guter körperlicher Verfassung.

Bei der körperlichen Untersuchung ist der Bauch weich, die Darmgeräusche sind normal. Die Patientin hat kein Fieber. Es zeigt sich aber ein auf die linke Hüfte bezogener Schmerz, der bewegungsabhängig in das linke Bein ausstrahlt. Die Röntgenaufnahme der linken Hüfte zeigt ein hohes Maß degenerativer Veränderungen. Kommentar: „Dass die damit überhaupt noch laufen kann...!"

Bei der Chefarztvisite äußert der Stationsarzt die Vermutung, die Einweisungsdiagnose des Hausarztes sei falsch, es handele sich nicht um Bauchschmerzen, sondern um Hüftschmerzen. Der Chefarzt tastet den Bauch der Patientin ab, die dabei Druckschmerzen im linken Unterbauch angibt. Bei völlig normalen Laborwerten wird eine Ultraschalluntersuchung veranlasst.

Die Ultraschalluntersuchung zeigt einen Normalbefund.

Die Patientin kommt zu spät zur Ultraschalluntersuchung. Sie berichtet von einer hartnäckigen Verstopfung, weshalb sie eine Stunde lang auf der Toilette verbracht habe. Die Schmerzen im linken Unterbauch seien jetzt besser.
Nach der Untersuchung richtet sie sich auf und fragt: „Was meinen Sie, Herr Doktor, soll ich denn noch leben?"

Was sie mit Ihrer Frage meine, lautet die Gegenfrage.

Sie erzählt: „Vor drei Monaten ist meine jüngere Schwester gestorben. Sie hatte einen schweren Schlaganfall. Sieben Jahre lang habe ich mich um sie gekümmert. Das war schwer. Zum Schluss hatte sie sich ganz wundgelegen. Mehrmals täglich wurde sie von einem Pflegedienst versorgt. Ich selbst habe den Haushalt versorgt und den ganzen Nachmittag bei ihr gesessen. Jetzt bin ich viel allein. Ich habe nur einen Sohn, aber zwei Enkel und zwei Urenkel. Das ist schön. Die haben aber auch nicht viel Zeit, die haben ja auch ihr Leben...“

6.2 Was hat die Patientin?

Sie hat eine hartnäckige Obstipation und Gelenkverschleiß.

6.3 Was führt sie zum Arzt?

Sie hat Kummer. Sie trauert um ihre Schwester. Mit deren Tod ist der Lebensmittelpunkt der letzten Jahre gestorben. Sie hat Mühe, wieder in ihr eigenes Leben zurückzufinden. Jetzt, wo sie viel Zeit hat, merkt sie ihre körperlichen Gebrechen. Die besorgten Angehörigen (die ihr eigenes Leben führen und nicht viel Zeit haben) haben sie zum Arzt geschickt. Der Arzt hat sie daraufhin zur Abklärung ins Krankenhaus eingewiesen.

6.4 Was leistet unser modernes Gesundheitssystem?

In diesem Fall ist die Patientin in die Innere Medizin eingewiesen worden. Sie war drei Tage im Krankenhaus. Man stellte die Organdiagnosen Koprostase (schwerwiegende Verstopfung) und Coxarthrose (Hüftgelenkverschleiß) als Ursache für die zur Einweisung führenden Beschwerden fest. Man verordnete stuhlregulierende Maßnahmen und ein Schmerzmittel für die Hüftschmerzen.

Erlös für das Krankenhaus entsprechend der DRG-Hauptdiagnose Koprostase G67C: 1330,43 Euro

Wäre die Patientin in die Orthopädische Klinik eingewiesen worden, wäre die Hauptdiagnose Coxarthrose gewesen. Vielleicht hätte man sie konservativ behandelt. Das Ausmaß der degenerativen Veränderungen und die Beschwerden der Patientin, bei sonst trotz des Alters gutem körperlichen Zustand, hätten aber auch einen Gelenkersatz gerechtfertigt.

Erlös nach DRG-Hauptdiagnose Coxarthrose:
bei konservativer Therapie - I69B - 1971,34 Euro
bei operativem Gelenkersatz - I47B - 6785,78 Euro

Anschließend hätte man die Patientin natürlich in einer drei wöchigen stationären Einrichtung rehabilitieren müssen.

Kosten für die drei wöchige Rehabilitation: ca. 2000 Euro [167]

6.5 Was wäre für die Patientin das Richtige?

Das Richtige wäre ein Hausarzt gewesen, zu dem die Patientin Vertrauen hat und der sie schon über viele Jahre kennt. Er hätte die Diagnosen durch Anamnese und körperliche Untersuchung rasch herausfinden können. Mittels Labor und Ultraschall hätte er schwerwiegende andere Erkrankungen ausgeschlossen. Er hätte um den psychosozialen Hintergrund der Patientin gewusst, und neben den vom Krankenhaus veranlassten Maßnahmen (Abführmaßnahmen und Schmerztherapie) auch die Angehörigen im Sinn einer psychosozialen Intervention in das Therapiekonzept einbezogen. Vielleicht hätte er sogar mit dem Pfarrer der Gemeinde gesprochen (die Patientin ist strenggläubige Russlanddeutsche) und so versucht, über Beteiligung in der Gemeinde eine neue Lebensperspektive zu eröffnen. All dies hätte ein bis zwei Stunden Gesprächsaufwand bedeutet.

Erlös nach EBM (Kassenpatientin):
Versichertenpauschale 55.-75. Lebensjahr 15,70€ einmal im Quartal
Anamnese 0€ (enthalten in der Versichertenpauschale)
Labor 0€ (enthalten in der Versichertenpauschale)

Körperliche Untersuchung 0€ (enthalten in der Versichertenpauschale)
Ultraschall – Ziffer 33042 – 15,70€
psychosoziale Intervention – Ziffer 35110 – 15,20€

6.6 Schlussfolgerungen aus dem Beispiel

Dieses Beispiel zeigt:

4. Unser Gesundheitssystem hat offensichtlich kein Geldproblem. Es ist bereit und in der Lage, die Beschwerden der Patientin im Beispiel auf eine definierte DRG-Diagnose zurückzuführen und einen Maximalbetrag von ca. 8800 Euro für die Behandlung auszugeben.

5. Das Gesundheitssystem ist aber ebenso offensichtlich nicht in der Lage, die Patientin adäquat zu behandeln. Adäquat zu behandeln hieße, nicht nur krankhafte Gelenkveränderungen der Patientin zu erkennen sondern, viel wichtiger, die Bedeutung dieser Gelenkveränderungen für die Patientin. Bei einer 77-Jährigen kann man an einer Vielzahl von Gelenken degenerative Veränderungen feststellen, die aber in diesem Alter nicht außergewöhnlich, sondern normal sind. Das wirkliche Problem von Frau B. war, wie oben gezeigt, ein anderes.

6. Das Schlimme ist, dass es – wie in diesem Fall deutlich wird – innerhalb des Systems nichts gibt, was die diagnostischen und therapeutischen Bemühungen in einer für die Patientin sinnvollen Weise steuert. Die Erkenntnis dessen, was der Patientin wirklich fehlt, ergab sich als Zufall während eines kurzen Gesprächs in der entspannten Atmosphäre bei einer Ultraschalluntersuchung.

7. Unser Gesundheitssystem steht vor großen, dem demographischen Wandel geschuldeten Veränderungen. Es erscheint, dass es so, wie es durch EBM, OPS und DRG aufgestellt ist, diesen Veränderungen nicht gewachsen ist. Als Defizite können benannt werden:

    a) fehlende qualitative Steuerung

    b) Einengung multimorbider Patienten auf eine Hauptdiagnose führt zu mangelhafter Behandlung

c) Früherkennung und präventive Maßnahmen sind unzureichend
   abgebildet

d) die vorhandenen Vergütungsstrukturen geben falsche Anreize

Man kann einem wirtschaftlich orientierten System nicht verübeln, dass es das tut, was den meisten Profit verspricht. Keiner der oben genannten Behandlungspfade ist falsch. Kein medizinischer Gutachter hätte die Indikation zum Gelenkersatz in Frage gestellt. Der operierende Orthopäde ist kein schlechter Mensch, er handelt in bester Absicht. Er möchte, dass die Patientin wieder schmerzfrei gehen kann. Weder er, noch das Krankenhaus stecken sich den Erlös in die eigenen Taschen. Das Krankenhaus ist seit Jahren unterfinanziert (siehe oben), arbeitet seit Jahren trotz Personalabbau und „Outsourcing" defizitär und ist von Schließung oder privater Übernahme bedroht.

Kein medizinischer Gutachter kritisiert den Hausarzt für die Einweisung der Patientin. Arztpraxen sind kleine mittelständische Unternehmen. Auch hier müssen Praxis-angestellte, Praxisausstattung, Mieten etc. bezahlt werden. Zwei Stunden Aufwand für 46,20 Euro ist für eine Hausarzt-Praxis der Weg in den sicheren Ruin.

„Medizin ohne Menschlichkeit", so haben Alexander Mitscherlich und Fred Mielke ihre Dokumentation über die Verbrechen von Nazi-Ärzten genannt. Man kann ganz sicher unser Gesundheitssystem nicht mit dem Nationalsozialismus vergleichen, trotzdem ist ein System, das die Patienten DRG-kategorisiert und profit-orientiert abfertigt, erschreckend.

Und wenn jetzt in den medizinischen Lehrplänen die „Gesundheitsökonomie" eine wichtige Rolle spielt, dann muss man sich nicht fragen, was für die kommende Ärztegeneration wichtig ist [168/169].

Das Verhältnis von Patient und Arzt war in der Regel vertrauensvoll und eng. Auf dieses enge Verhältnis mit der damit verbundenen, oft Generationen übergreifenden Kontinuität baut auch das von Ferdinand Gerlach beschriebene Modell einer „Primärärztlichen Versorgungspraxis". Mit einer Medizin, die Ökonomie und

Kommerz in den Vordergrund stellt, wird dieses Vertrauensverhältnis aufs Spiel gesetzt.

Die Zerschlagung quartiernaher Strukturen dank der Marktbereinigung im Krankenhaussektor ist ein äußerliches Dilemma, die Kommerzialisierung aber macht die Medizin von innen heraus kaputt, indem sie ihre Basis von Zuwendung und Vertrauen zerstört.

7. Fazit

Abschließend bleibt festzuhalten: 10 Jahre nach Einführung der DRGs mehren sich kritische Stimmen. Die in vielen Bereichen ausufernden invasiven/ operativen Maßnahmen, angeheizt durch die chronische und gewollte Unterfinanzierung der Krankenhäuser und durch Bonusverträge mit Chefärzten, werden zunehmend kritisch betrachtet. Journalisten wie S. Mikich berichten Erschreckendes aus eigenen leidvollen Erfahrungen. Um noch einmal Berwick zu zitieren: „Every system is pefectly designed to achieve the results it achieves." Anders ausgedrückt: Das System, das wir haben, ist genau das System, das wir wollten.

Wenn es vor 10 Jahren hieß, unser Gesundheitssystem sei ein Markt und müsse entsprechend marktwirtschaftlich d.h. ökonomisch und profitorientiert handeln, so dürfen wir uns nicht wundern, wenn es genau dies tut. Und wir dürfen uns nicht wundern, wenn es eben mehr um den Profit als um die Gesundheit geht. Die zunehmende Zahl privatwirtschaftlich geführter Häuser macht deutlich, dass man im Gesundheitssystem mehr gewinnen kann als Gesundheit.

Vor diesem Hintergrund kann man den demographischen Wandel (das Altern) als Chance auffassen. Ohne ein Zurück zum Patienten, ein Zurück zur Frage, was die chronischen Erkrankungen, das Altern, die daraus folgenden Einschränkungen individuell bedeuten, ohne die Berücksichtigung der biografischen Eigenheiten und des sozialen Umfelds des Patienten im Sinne des Chronic Care Modells kann eine medizinische Behandlung nicht adäquat sein. Bernard Lowns „Verlorene Kunst des Heilens" wird vielleicht wiedergefunden.

Quellenverzeichnis

Direkte und indirekte Zitate

[1] S. 1; **[161]** S. 5
Braun, T., Rau, F. & Tuschen, H. Die DRG-Einführung aus gesundheitspolitischer
Sicht. Eine Zwischenbilanz. Stand: 08.11.2013. http://wido.de/fileadmin/wido/
downloads/pdf_krankenhauswido_kra_khr07_kap1_1107.pdf

[2] S. 16
Lown, B. (2004). Die verlorene Kunst des Heilens. Anleitung zum Umdenken
(Suhrkamp-Taschenbuch, Bd. 3574, 1. Aufl). [Frankfurt, Main]: Suhrkamp

[3] S. 20; **[4]** S. 24f; **[5]** S. 25; **[6]** S. 22ff; **[7]** z.B. S. 23; **[8]** S. 43ff; **[9]** S. 75ff;
[10] S. 78; **[11]** S. 88; **[12]** S. 108f; **[13]** S 118f; **[14]** 158ff
Seidler, E. & Leven, K.-H. (2003). Geschichte der Medizin und der Krankenpflege
(7., überarb. und erw. Aufl). Stuttgart: Kohlhammer

[15] S. 227f; **[17]** S. 227f
Schwind, M. (1998). Peitsche und Zuckerbrot - Verteufelung und
Sozialversicherung. In H. Pleticha (Hrsg.), Deutsche Geschichte. 1815 - 1918:
Restauration und Bismarkreich. Gütersloh: Bertelsmann-Lexikon-Verlag

[16] S. 109-114
Weismantel. (1998). Anfänge der Industrialisierung und soziale Frage. In H.
Pleticha (Hrsg.), Deutsche Geschichte. 1815 - 1918: Restauration und
Bismarkreich (S. 101– 114). Gütersloh: Bertelsmann-Lexikon-Verlag

[16] S. 36ff
Brockhaus. (1999). Die Weltgeschichte. Band 5: 1850 - 1945. Leipzig [u.a.]:
Brockhaus.

[17] S. 281f
Vocke, R. (1998). "Wider die gemeingefährlichen Bestrebungen der
Sozialdemokratie". In H. Pleticha (Hrsg.), Deutsche Geschichte. 1815 - 1918:
Restauration und Bismarkreich (S. 281–282). Gütersloh: Bertelsmann-Lexikon-
Verl.

[18] S. 35ff

Unschuld, P. U. (2011). Ware Gesundheit. Das Ende der klassischen Medizin (Beck'sche Reihe, Bd. 1943, Orig.-Ausg., 2., aktualisierte, um ein Nachw. erw. Aufl). München: Beck.

[19]

Hildebrandt, J. (02.07.2013). Der Sozialstaat vom Kaiserreich bis zum Nationalsozialismus. Stand: 05.11.2013. http://suite101.de/article/der-sozialstaat-vom-kaiserreich-bis-zum-nationalsozialismus-a100798

[19] S. 29f; **[47]** S. 37; **[48]** S. 35; **[49]** S. 39; **[50]** S. 40; **[52]** S. 41; **[55]** S 244f; **[56]** S. 246f; **[57]** S. 43; **[59]** S. 258; **[60]** S. 248ff; **[61]** S. 249f; **[62]** S. 262f; **[63]** 265ff

Pilz, F. (2009). Der Sozialstaat. Ausbau - Kontroversen - Umbau (Schriftenreihe // Bundeszentrale für Politische Bildung, Bd. 761,). Bonn: Bundeszentrale für Politische Bildung.

[20] S. 49; **[25]** S. 57; **[26]** S. 58f; **[27]** S. 51f; **[28]** S. 53; **[32]** S. 56

Bandelow, N. C. (2004). Akteure und Interessen in der Gesundheitspolitik: Vom Korporatismus zum Pluralismus? Politische Bildung (37/2), 49–63. Stand: 03.11.2013. http://www.nilsbandelow.de/gepoakte.pdf

[21]

Bundeszentrale für politische Bildung. (2012). Die wichtigsten Akteure im deutschen Gesundheitswesen. Teil 1: Staat und Politik. Stand: 03.11.2013. http://www.bpb.de/politik/innenpolitik/gesundheitspolitik/72565/staatliche-akteure

[22] S. 117; **[37]** S. 184; **[74]** S. 182, 203; **[81]** S. 178; **[86]** S. 178f; **[115]** S. 247ff; **[160]** S. 187f; **[162]** S. 186

Hajen, L., Paetow, H. & Schumacher, H. (2011). Gesundheitsökonomie. Strukturen, Methoden, Praxis (6., überarb. u. erw. Aufl). Stuttgart: Kohlhammer.

[23]

AOK. Gemeinsamer Bundesausschuss (GBA). Stand: 05.11.2013. http://www.aokgesundheitspartner.de/he/krankenhaus/qs/gba/index.html

[24]

Bundesärztekammer. Struktur der Ärzteschaft 2012 (Zahlen in Tausend). Stand: 05.11.2013. http://www.bundesaerztekammer.de/downloads/Stat12Abb01.pdf

[29]
Verband der Privaten Krankenversicherung e.V. (PKV). Über uns: Mitgliedsunternehmen des PKV-Verbandes. Stand Januar 2014. https:// www.pkv.de/verband/ueber-uns/

[30]
GKV Spitzenverband. (2014, 01. Januar). Alle gesetzlichen Krankenkassen. Stand: 05.11.2013. http://www.gkv-spitzenverband.de/krankenversicherung/ krankenversicherung_grundprinzipien/alle_gesetzlichen_krankenkassen/ alle_gesetzlichen_krankenkassen.jsp

[31]
Bundesministerium für Gesundheit. Aufgaben und Organisation der GKV. Stand: 03.11.2013. http://www.bmg.bund.de/krankenversicherung/grundprinzipien/ aufgaben-und-organisation-der-gkv.html

[32] S. 8; **[33]** S. 9
Bundesverband der Pharmazeutischen Industrie e. V. (BPI). (2012). Pharma-Daten 2012 (42. überarbeitete Auflage). Stand: 05.11.2013. http://www.bpi.de/ fileadmin/media/bpi/Downloads/Internet/Publikationen/Pharma-Daten/ Pharmadaten_2012_DE.pdf

[34] S. 1; **[130]** S. 2f
Jelinek, G. & Neate, S. (Oktober 2009). The influence of the pharmaceutical industry in medicine (Der Einfluss der pharmazeutischen Industrie in der Medizin). Journal of Law and Medicine, Volume 17, Number 2, S. 216–223 (deutsche Übersetzung). Stand: 05.11.2013. http://csvi- ms.net/files/ j09_v017_JLM_pt02_jelinek_neate_91_trad_de.pdf

[35] 34f; **[36]** S. 45; **[41]** S. 45; **[46]** S. 45f
Drucksache 17/10323. (2012, 10. Juli). Sondergutachten 2012 des Sachverständigenrates zur Begutachtung der Entwicklung im Gesundheitswesen. Wettbewerb an der Schnittstelle zwischen ambulanter und stationärer Gesundheitsversorgung. Berlin: Deutscher Bundestag; Sachverständigenrat zur Begutachtung der Entwicklung im Gesundheitswesen. Stand: 05.03.2014. http://dip21.bundestag.de/dip21/btd/17/103/1710323.pdf

[38]

Bundesärztekammer. (2003). Arzt - Werbung - Öffentlichkeit. Hinweise und
Erläuterungen zu den §§ 27 ff. der (Muster) Berufsordnung, beschlossen von
den Berufsordnungsgremien der Bundesärztekammer. Stand: 05.11.2013. http://
www.bundesaerztekammer.de/page.asp?his=1.100.1144.1154

[39]

Kassenärtliche Vereinigung Nordrhein. (2011). Ambulante Bedarfsplanung:
Steuerungsmöglichkeiten reichen nicht. http://www.kvno.de/60neues/
2011/11_11_bedarfsplanung/index.html

[40]

Kuhn, L. (2009, 9. Januar). Was ist... Principal-Agent-Theorie? Harvard Business
manager, 8/2008. Stand: 05.11.2013. http://www.harvardbusinessmanager.de/
heft/artikel/a-590966.html

[42]

1A Verbraucherportal. Versicherungspflichtgrenze und Voraussetzungen zur PKV.
Stand: 07.11.2013. http://www.1a.net/versicherung/private-
krankenversicherung/versicherungspflichtgrenze

[43]

PwC. (2012). GKV im Wettbewerb: Was ist wirklich relevant? Stand: 07.11.2013.
http://www.pwc.de/de/gesundheitswesen-und-pharma/gkv-im-wettbewer-was-
ist-wirklich-relevant.jhtml

[44]

1A Verbraucherportal. Gesetzliche Krankenkassen Liste. Stand: 05.03.2014. http://
www.1a.net/versicherung/gesetzliche-krankenversicherung/liste

[45]

pkv-selbstvergleich.de. Altersrückstellung nach Gesundheitsreform. Stand:
07.11.2013. http://www.pkv-selbstvergleich.de/Altersrueckstellung.htm

[51] S. 38f; **[53]** S. 40; **[54]** S. 41

Klinke, S. (2003, 30. Juli). Ordnungspolitischer Wandel im Gesundheitssystem als
Folge der Reformgesetzgebungsbemühungen. Diplomarbeit, Universität
Bremen. Bremen. Stand: 06.11.2013. http://www.sebastian-klinke.de/forschung/
DiplGesamt.pdf

[58]

sozialpolitik-aktuell.de. Sozialleistungsquote 1960 - 2012. Summe aller
Sozialleistungen in % des BIP; 1960 - 1990 alte Bundesländer, Institut Arbeit
und Qualifikation der Universität Duisburg-Essen. Stand: 06.11.2013. http://
www.sozialpolitik-aktuell.de/tl_files/sozialpolitik-aktuell/_Politikfelder/
Finanzierung/Datensammlung/PDF-Dateien/abbII1a.pdf

[64]

AOK. GKV-Finanzierungsgesetz. Stand: 06.11.2013. http://www.aok-bv.de/politik/
gesetze/index_04858.html

[65] [77] [79] [87] [88] [90]

Heinrich, A. & Fischer, K. (2013, 26. September). Das Finanzdesaster deutscher
Krankenhäuser. WirtschaftsWoche. Stand: 05.11.2013. http://www.wiwo.de/
unternehmen/dienstleister/spekulieren-mit-kliniken-das-finanzdesaster-
deutscher-krankenhaeuser-/8819872.html

[66]

Statistisches Bundesamt. (2013, 16. Oktober). Gesundheit: Grunddaten der
Krankenhäuser 2012 (Fachserie 12 Nr. Reihe 6.1.1). Wiesbaden: Statistisches
Bundesamt. Stand: 05.11.2013. https://www.destatis.de/DE/Publikationen/
Thematisch/Gesundheit/Krankenhaeuser/
GrunddatenKrankenhaeuser2120611127004.pdf?__blob=publicationFile

[67] S. 12; **[70]** S. 12; **[72]** S. 13; **[85]** S. 16

Bundesärztekammer. (06.2007). Zunehmende Privatisierung von Krankenhäusern
in Deutschland. Folgen für die ärztliche Tätigkeit, Berlin. Stand: 05.11.2013.
http://www.bundesaerztekammer.de/downloads/
Privatisierung_Krankenhaeuser_2007.pdf

[68] S. 7

Schrum, A. & Aster, E.-L. von (2013, 7. Oktober). Der Patient und die
Fallpauschale. Oder: Die Logik des Entgeld-Systems. Deutschland Radio
Kultur: Zeitfragen. Stand: 05.11.2013. http://www.dradio.de/dkultur/sendungen/
zeitfragen/2277676/

[69] B1572f; **[71]** B1574; **[75]** B1575; **[76]** B1575f; **[82]** B1573; **[84]** B1573

Simon, M. (2013, 27. September). Grundsätzliche Konstruktionsfehler. Das
Deutsche DRG-System. Deutsches Ärzteblatt, 39, S. B1572-B1576.

[73] S. 26

Drucksache 14/6893. (2001, 11. September). Entwurf eines Gesetzes zur Einführung des diagnose-orientierten Fallpauschalensystems für Krankenhäuser (Fallpauschalengesetz-FPG). Gesetzentwurf der Fraktionen SPD und Bündnis 90/Die Grünen. Berlin: Deutscher Bundestag. Stand: 05.11.2013. http://dip21.bundestag.de/dip21/btd/14/068/1406893.pdf

[78] [94]

Deutsche Gesundheits Nachrichten (2013, 21. Juni). Drohende Insolvenzen: Marktbereinigung durch Kliniksterben. Deutsche Gesundheits Nachrichten. Stand: 05.11.2013. http://www.deutsche-gesundheits-nachrichten.de/2012/06/21/drohende-insolvenzen-marktbereinigung-durch-kliniksterben/

[80]

Statistisches Bundesamt. Anzahl der Krankenhäuser in Deutschland in den Jahren 2000 bis 2012. Stand: 05.11.2013. http://de.statista.com/statistik/daten/studie/2617/umfrage/anzahl-der-krankenhaeuser-in-deutschland-seit-2000/

[83] S. 160f

Lauterbach, K., Stock, S. & Brunner, H. (Hrsg.). Gesundheitsökonomie. Lehrbuch für Mediziner und andere Gesundheitsberufe (2., vollständig überarbeitete Auflage).

[89]

Fresenius. (2013). Kurzprofil: Fresenius Medical Care 2012, Bad Homburg. Stand: 05.11.2013. http://www.fresenius.de/documents/FMC_Kurzprofil_de.pdf

[91]

Deutsche Gesundheits Nachrichten (2013, 20. April). OECD: Es herrscht Überversorgung bei stationären Leistungen. Deutsche Gesundheits Nachrichten. Stand: 05.11.2013. http://www.deutsche-gesundheits-nachrichten.de/2013/04/19/oecd-es-herrscht-uberversorgung-bei-stationaren-leistungen/

[92]

Deutsches Ärzteblatt (2013, 8. April). OECD warnt vor Überkapazitäten im Krankenhaus. Deutsches Ärzteblatt. Stand: 05.11.2013. http://www.aerzteblatt.de/nachrichten/53965/OECD-warnt-vor-Ueberkapazitaeten-im-Krankenhaus

[93]
Spiegel Online (2012, 14. Juni). Krankenhaus-Report 2012: Deutschland droht ein
   Kliniksterben. Spiegel Online. Stand: 05.11.2013. http://www.spiegel.de/
   wirtschaft/unternehmen/krankenhaus-report-2012-deutschland-droht-ein-
   kliniksterben-a-838891.html

[95] S. 173f; **[96]** S. 175; **[97]** S. 79ff
Mikich, S., Schmitt, J. & Sieber, U. (2013). Enteignet. Warum uns der
   Medizinbetrieb krank macht (1. Aufl). München: Bertelsmann.

[98]
Statistisches Bundesamt. (2013). Schlaglicht: Ambulante Operationen seit 2002
   verdreifacht. Stand: 29.10.2013. https://www.destatis.de/DE/ZahlenFakten/
   GesellschaftStaat/Gesundheit/Krankenhaeuser/Krankenhaeuser.html

[99]
Hamberger, B. (2012, 2. November). Vor Rücken-OP Zweitmeinung einholen.
   gesundheitsstadt berlin. Stand: 08.11.2013. http://www.gesundheitsstadt-
   berlin.de/nachrichten/artikel/vor-ruecken-op-zweitmeinung-einholen-888/

[100] S. 109ff; **[111]** S. 111f; **[113]** S. 110
Passon, A., Lüngen, M., Gerber, A., Redaelli, M. & Stock, S. Das
   Krankenversicherungssystem in Deutschland. In K. Lauterbach, S. Stock & H.
   Brunner (Hrsg.), Gesundheitsökonomie. Lehrbuch für Mediziner und andere
   Gesundheitsberufe. 2., vollständig überarbeitete Auflage (S. 105–136).

[101]
Gesellensetter, C. (2012, 2. Mai). Gefangen in der ersten Klasse. Focus. Stand:
   03.11.2013. http://www.focus.de/finanzen/versicherungen/krankenversicherung/
   tid-24503/private-krankenversicherung-gefangen-in-der-ersten-
   klasse_aid_694840.html

[102]
1A Verbraucherportal. Infografik Beitragserhöhung der PKV. Beitragsanpassung -
   Gesetzliche & private Krankenversicherung. Stand: 03.11.2013. http://www.
   1a.net/versicherung/krankenversicherung/bap-infografik

[103]
Schofer, A. (2013, 22. Oktober). Beitragserhöhung in der privaten Krankenversicherung. Die Beitragserhöhungen 2014 in der PKV. cecu.de. Stand: 03.11.2013. http://www.cecu.de/beitragserhoehung-private-krankenversicherung.html

[104]
Krohn, P. In der privaten Krankenversicherung bleibt man fürs Leben. Frankfurter Allgemeine Zeitung. Stand: 03.11.2013. http://www.faz.net/aktuell/finanzen/meine-finanzen/private-krankenversicherung-was-sie-beim-wechsel-beachten-muessen-12212749.html#Drucken

[105]
Grill, M. (2013, 20. August). Privatpatienten als Goldgrube: Eine Hand röntgt die andere. Spiegel Online. Stand: 05.11.2013. http://www.spiegel.de/wirtschaft/soziales/wie-sich-orthopaeden-und-radiologen-patienten-zuschustern-a-917424.html

[106]
Universitätsklinik Leipzig. (2011). Was sind Wahlleistungen? Stand: 05.11.2013. http://www.uniklinikum-leipzig.de/r-was-sind-wahlleistungen-a-292.html

[107] [125] [143]
Thießen, M. (2013). Ungleichheit und Krankheit. Wie gerecht ist das deutsche Gesundheitssystem? Hausarbeit, Zeppelin Universität. Friedrichshafen.

[108]
Klinikum Lippe. (2013). Serviceinformationen für Wahlleistungspatienten. Detmold.

[109]
Klinikum Lippe. (2013). Zusatzspeisekarte für Wahlleistungspatienten. Detmold.

[110]
ACIO. Wahlleistungen. Stand: 07.11.2013. http://www.versicherung-vergleiche.de/private_krankenversicherung/leistungen/wahlleistungen.htm

[112]

ArztWiki. Regelleistungsvolumen. Stand: 03.11.2013. http://www.arztwiki.de/wiki/
RLV

[114]

ArztWiki. Regress. Stand: 03.11.2013. http://www.arztwiki.de/wiki/Regress

[116] S. 4; **[117]** S. 10; **[118]** S. 20

Niehaus, F. Der überproportionale Finanzierungsbeitrag privat Versicherter
Patienten. Die Entwicklung von 2006 bis 2011, Wissenschaftliches Institut der
PKV. Stand: 05.11.2013. http://www.wip-pkv.de/uploads/tx_nppresscenter/
Der_ueberproportionale_Finanzierungsbeitrag_2006_2011.pdf

[119] S. 2; **[120]** S. 3; **[121]** S. 4f; **[122]** S. 6; **[123]** S. 8; **[124]** S. 8f

Meyer, U. (2006). Zum Verhältnis zwischen GKV und PKV. Stand: 03.11.2013.
http://www.uni-bamberg.de/fileadmin/uni/fakultaeten/sowi_professuren/
vwl_sozialpolitik/Meyer_Seiten/literatur/Meyer-GKV-und-PKV.pdf

[126]

Ärztekammer Nordrhein. Studien nach dem Arzneimittelgesetz (AMG). Stand:
08.11.2013. http://www.aekno.de/page.asp?pageID=5163

[127] [129]

Bartens, W. (2012, 17. Februar). "Umsatz geht vor Sicherheit". Süddeutsche
Zeitung. Stand: 05.11.2013. http://www.sueddeutsche.de/gesundheit/2.220/
pharmaindustrie-umsatz-geht-vor-sicherheit-1.935164

[128]

Deutsches Ärzteblatt (2013, 21. Februar). Deutschland benötigt firmenunabhängige
Arzneimittelforschung und Patienteninformation. Deutsches Ärzteblatt. Stand:
05.11.2013. http://www.aerzteblatt.de/nachrichten/49201/Deutschland-
benoetigt-firmenunabhaengige-Arzneimittelforschung-und-Patienteninformation

[131]

Meier, L. (2013, 27. Juni). Gier-Ärzte kommen witer durch. Gesetz gegen
Korruption. Stern. Stand: 03.11.2013. http://www.stern.de/politik/deutschland/
gesetz-gegen-korruption-gier-aerzte-kommen-weiter-davon-2030497.html

[133]

Wolf, C. (2013, 28. Juni). Gegen den Filz in der Gesundheitsbranche. WDR. Stand: 03.11.2013. http://www1.wdr.de/themen/politik/korruptiongesundheitswesen100.html

[134]

Bundesärztekammer. Empfehlungen der Bundesärztekammer zur ärztlichen Fortbildung. Stand: 07.11.2013. http://www.bundesaerztekammer.de/page.asp?his=1.102.104

[135]

SWR (2009, 4. Juni). Pharmaindustrie finanziert Ärztefortbildung. SWR. Stand: 05.11.2013. http://www.swr.de/odysso/-/id%3D1046894/nid%3D1046894/did%3D4772772/1llxcke/index.html

[136]

Müller, H. (2013, 14. Mai). Pharmafirmen lassen sich Vermarktung ihrer Medikamente Milliarden kosten. Thüringer Allgemeine. Stand: 04.11.2013. http://www.thueringer-allgemeine.de/startseite/detail/-/specific/Pharmafirmen-lassen-sich-Vermarktung-ihrer-Medikamente-Milliarden-kosten-1771566090

[137]

Wegener, B. (2013, 18. Februar). Wie groß ist der Pharma-Einfluss auf die Ärzte? DIE WELT. Stand: 03.11.2013. http://www.welt.de/gesundheit/article113718634/Wie-gross-ist-der-Pharma-Einfluss-auf-die-Aerzte.html

[138]

SPD. Solidarisch, gerecht und leistungsfähig. Die Bürgerversicherung. Stand: 05.11.2013. http://www.spd.de/themen/Buergerversicherung/7934/buergerversicherung.html

[139]

Deutscher Bundestag. Dr. Karl Lauterbach, SPD. Stand: 08.11.2013. http://www.bundestag.de/bundestag/abgeordnete17/biografien/L/lauterbach_karl.html

[140] S. 1f; **[144]** S. 4; **[146]** S. 7

Lauterbach, K. (2004). Die Bürgerversicherung. Das Prinzip der Bürgerversicherung: Alle Bürger und alle Einkommensarten tragen bei, dann sinken die Beitragssätze. In U. Engelen-Kefer (Hrsg.), Reformoption

Bürgerversicherung. Wie das Gesundheitssystem solidarisch finanziert werden kann. Hamburg: VSA-Verlag. Stand: 05.11.2013. http://www.patientenschutz.de/cms/files/b_rgerversicherung.pdf

[141]

Freund, M. & Hagen, J. (2013, 24. Mai). Leider bürgerversichert? Krankenversicherung der Zukunft. Handelsblatt. Stand: 05.11.2013. http://www.handelsblatt.com/politik/deutschland/krankenversicherung-der-zukunft-leider-buergerversichert/8239264.html

[142]

Barmenia Versicherungen Vorstand. (2013). (Brandbrief zum Thema Bürgerversicherung).

[145]

Die Linke. solidarische Bürgerinnen- und Bürgerversicherung. Stand: 05.11.2013. http://www.linksfraktion.de/themen/buergerinnen-buergerversicherung-solidarische/

[147]

Gerlach, F. M. & Pfister, S. (Autor), 29.05.2013. Wie eine Flatrate das Gesundheitssystem retten könnte. Ein Gespräch mit dem Gesundheitsweisen Ferdinand Gerlach, WDR5. http://www.wdr5.de/sendungen/politikum/s/d/29.05.2013-00.05/b/wie-eine-flatrate-das-gesundheitssystem-retten-koennte.html

[148]

Johann Wolfgang Goethe-Universität. Prof. Dr. med. Ferdinand M. Gerlach, MPH, Johann Wolfgang Goethe-Universität. Stand: 07.11.2013. http://www.allgemeinmedizin.uni-frankfurt.de/team/mit_gerlach.html

[149] S. 336; **[151]** S. 338; **[152]** S. 338; **[153]** S. 340

Gerlach, F. M., Beyer, M., Muth, C., Saal, K. & Gensichen, J. (2006). Neue Perspektiven in der allgemeinmedizinischen Versorgung chronisch Kranker – Wider die Dominanz des Dringlichen. Teil 1: Chronische Erkrankungen als Herausforderung für die hausärztliche Versorgungspraxis. Zeitschrift für ärztliche Fortbildung und Qualität im Gesundheitswesen, 100, S. 335–343. Stand: 05.11.2013. http://www.allgemeinmedizin.uni-frankfurt.de/lit/zaefq100_335.pdf

[150] S. 366; **[154]** S. 346-349; **[155]** S. 347; **[156]** S. 348

Gensichen, J., Muth, C., Butzlaff, M., Rosemann, T., Müller de Cornejo, Gabriele, Beyer, M. et al. (2006). Die Zukunft ist chronisch: das Chronic Care-Modell in der deutschen Primärversorgung. Übergreifende Behandlungsprinzipien einer proaktiven Versorgung für chronische Kranke. Zeitschrift für ärztliche Fortbildung und Qualität im Gesundheitswesen, 100, S. 365–374. Stand: 05.11.2013. http://www.allgemeinmedizin.uni-frankfurt.de/lit/zaefq100_365.pdf

[157]

Techniker Krankenkasse. Recht auf Zweitmeinung. Stand: 06.11.2013. http://www.tk.de/tk/behandlungen/zweitmeinung/recht-auf-zweitmeinung/213558

[158]

Quarks & Co. (2013). Die Vorsorge-Lüge. IGeL-Leistungen auf dem Prüfstand. Stand: 06.11.2013. https://www.wdr.de/tv/quarks/global/pdf/Q_IGEL.pdf

[163] S. 116

Bölt. Ute & Graf, T. (02.2012). 20 Jahre Krankenhausstatistik, Statistisches Bundesamt. Stand: 07.11.2013. https://www.destatis.de/DE/Publikationen/WirtschaftStatistik/Gesundheitswesen/20JahreKrankenhausstatistik.pdf?__blob=publicationFile

[165] S. 120f

Kersting, W. (2001). John Rawls zur Einführung (Zur Einführung, Neufassung 1. Aufl). Hamburg: Junius.

[166] S. 619

Berwick, D. M. (1996, 9. März). A primer on leading the improvement of systems. BMJ, 312, S. 619–622. Stand: 06.11.2013. http://www.ncbi.nlm.nih.gov/pmc/articles/PMC2350403/

[167]

telefonische Anfrage bei der Techniker Krankenkasse am 05.11.2013

[168/169]

Ergebnis einer Anfrage bei der Universität Marburg am 31.10.2013:„Die aktuell gültige Ärztliche Approbationsordnung [sieht] den Querschnittsbereich, Gesundheitsökonomie' im Lehrplan der Humanmedizinstudierenden deutschlandweit" vor. Die Universität Heidelberg fügte hinzu: „Auch in anderen Lehrveranstaltungen wird darauf Bezug genommen." (01.11.2013)

weitere Quellen

Arbeitnehmerkammer Bremen. (11.2009). *Sozialpolitische Chronik*, Bremen. Stand: 11.11.2013. http://www.arbeitnehmerkammer.de/cms/upload/Politik/ Sozialpolitische_Chronik.pdf

Badenberg, C. & Strehl, R. (2009, 19. April). "Kliniken mit breitem Spektrum sind benachteiligt". *ÄrzteZeitung.* Stand: 05.11.2013. http://www.aerztezeitung.de/ praxis_wirtschaft/aerztliche_verguetung/article/837141/10-jahre-drg-kliniken- breitem-spektrum-benachteiligt.html

Bartens, W. (2012, 24. Januar). Rettet die Medizin vor der Ökonomie. *Süddeutsche Zeitung.* Stand: 05.11.2013. http://www.sueddeutsche.de/gesundheit/2.220/ gesundheitssystem-rettet-die-medizin-vor-der-oekonomie-1.1161506

Beerheide, R. & Frick, A. (2013, 1. Oktober). Wo soll das Geld herkommen? Baustelle Weiterbildung. *ÄrzteZeitung.* Stand: 05.11.2013. http:// www.aerztezeitung.de/extras/druckansicht/?sid=847076&pid=855698

Beneker, C. (2013, 15. Mai). Fortbildung sorgt für heftigen Krach. Einladung verboten. *ÄrzteZeitung.* Stand: 05.11.2013. http://www.aerztezeitung.de/ praxis_wirtschaft/zertifizierte_fortbildung/article/838313/einladung-verboten- fortbildung-sorgt-heftigen-krach.html

Biomérieux. *Hilfe in der Praxis. IGeL mit mini VIDAS®.* Stand: 05.11.2013. http:// www.biomerieux.de/servlet/srt/bio/germany/dynPage? node=Hilfe_in_der_Praxis

Böhm, K. (05.2008). *Politische Steuerung des Gesundheitswesens Die Rolle von Korporatismus und Wettbewerb im Krankenhaussektor.* Diskussionspapier, Johann Wolfgang Goethe-Universität. Frankfurt am Main. Stand: 05.11.2013. http://www.klinik.uni-frankfurt.de/zgw/medsoz/Disk-Pap/ Diskussionspapier2008-1-W.pdf

Bundesärztekammer. *Fortbildung als immanenter Bestandteil der ärztlichen Tätigkeit.* Stand: 05.11.2013. http://www.bundesaerztekammer.de/page.asp? his=1.102

Bundesministerium für Ernährung, Landwirtschaft und Verbraucherschutz (BMELV). (April 2013). *Individuelle Gesundheitsleistungen. Ein Ratgeber für*

Verbraucher, Bonn. Stand: 05.11.2013. http://www.bmelv.de/SharedDocs/Downloads/Broschueren/IGeL-Broschuere.pdf?__blob=publicationFile

Bundesministerium für Gesundheit. *Das Gesetz zur nachhaltigen und sozial ausgewogenen Finanzierung der Gesetzlichen Krankenversicherung (GKV-Finanzierungsgesetz)*. Stand: 06.11.2013. *http://www.bmg.bund.de/krankenversicherung/gesundheitsreform.html*

Bundeszentrale für politische Bildung. (2012). *Die wichtigsten Akteure im deutschen Gesundheitswesen. Teil 2: Verbände und Körperschaften der gemeinsamen Selbstverwaltung.* Stand: 05.11.2013. *http://www.bpb.de/politik/innenpolitik/gesundheitspolitik/72575/verbaende-und-koerperschaften*

Bundeszentrale für politische Bildung. (2012). *Die wichtigsten Akteure im deutschen Gesundheitswesen. Teil 3: Institutionen und Interessenvertretungen.* Stand: 05.11.2013. http://www.bpb.de/politik/innenpolitik/gesundheitspolitik/72588/institutionen-und-interessenvertretungen

Deutsche Gesundheits Nachrichten (2013, 18. Oktober). Überkapazitäten: GKV-Spitzenverband will Krankenhäuser schließen. *Deutsche Gesundheits Nachrichten.* Stand: 05.11.2013. http://www.deutsche-gesundheits-nachrichten.de/2013/10/18/uberkapazitaten-gkv-spitzenverband-will-krankenhauser-schliesen/

Deutscher Bundestag. § 161 SGB V: Grundsatz. http://www.gesetze-im-internet.de/sgb_6/__161.html

Deutscher Bundestag. (2013). § 1 SGB V: Solidarität und Eigenverantwortung. http://dejure.org/gesetze/SGB_V/1.html

Deutscher Bundestag. (2013). § 12 SGB V: Wirtschaftlichkeitsgebot. http://www.gesetze-im-internet.de/sgb_5/__12.html

Deutscher Bundestag. (2013). § 55 SGB 11: Beitragssatz, Beitragsbemessungsgrenze. http://www.gesetze-im-internet.de/sgb_11/__55.html

Deutscher Bundestag. (2013). § 6 SGB V: Versicherungsfreiheit. http://www.gesetze-im-internet.de/sgb_5/__6.html

Drost, F. M. & Schmitt, T. (2012, 29. März). Verbraucherschützer kritisieren steigende Beiträge. *Handelsblatt.* Stand: 03.11.2013. http://www.handelsblatt.com/finanzen/vorsorge-versicherung/nachrichten/private-kassen-verbraucherschuetzer-kritisieren-steigende-beitraege/6451268.html

Drucksache 16/13770. (2009, 02. Juli). *Gutachten 2009 des Sachverständigenrates zur Begutachtung der Entwicklung im Gesundheitswesen. Koordination und Integration – Gesundheitsversorgung in einer Gesellschaft des längeren Lebens.* Berlin: Deutscher Bundestag; Sachverständigenrat zur Begutachtung der Entwicklung im Gesundheitswesen. Stand: 05.11.2013. *http:// dip21.bundestag.de/dip21/btd/16/137/1613770.pdf*

Engelen-Kefer, U. (Hrsg.). (2004). *Reformoption Bürgerversicherung. Wie das Gesundheitssystem solidarisch finanziert werden kann.* Hamburg: VSA-Verlag.

Erler, A., Beyer, M. & Gerlach, F. M. Ein Zukunftskonzept für die hausärztliche Versorgung in Deutschland. 2. Das Modell der Primärversorgungspraxis - Eine Darstellung anhand der Vorschläge des Sachverständigenrats Gesundheit 2009. *ZFA Zeitschrift für Allgemeinmedizin,* 04/2010, S. 159–165. Stand: 05.11.2013. http://www.online-zfa.de/media/article/2010/04/29E270B6-09E7-47D3-91BA-F99917B29D17/29E270B609E747D391BAF99917B29D17_erler-et-al-zukunftskonzept-zfa2_final_korrtl_1_original.pdf

Barmenia Versicherungen. (2013). *Stellungnahme des Vorstandsvorsitzenden Dr. Andreas Eurich zum Kundenanschreiben zur Bürgerversicherung.* http://www.barmenia.de/de/barmenia/pressestelle/presseinformationen/archiv-presseinformationen/detailseite_6016.xhtml

Ewert, B. (11.2011). *Vom Patienten zum Konsumenten? Nutzeridentitäten und Nutzerbeteiligung im Gesundheitswesen.* Dissertation, Justus-Liebig-Universität. Gießen. Stand: 05.11.2013. http://geb.uni-giessen.de/geb/volltexte/2012/8864/pdf/EwertBenjamin_2012_06_04.pdf

Fischer, C. (September - November 2013). Wes Brot ich ess… *Sweetie - Vereinszeitung der Diabetes Selbsthilfegruppen B.B.E.e.V. im Rhein-Erft-Kreis,* 3. Stand: 03.11.2013. http://www.diabetes-rhein-erftkreis.de/pdf-2013/Sweetie%2003-2013.pdf

Gerlach, F. M., Beyer, M., Saal, K., Peitz, M. & Gensichen, J. (2006). Neue Perspektiven in der allgemeinmedizinischen Versorgung chronisch Kranker – Wider die Dominanz des Dringlichen. Teil 2: Chronic Care-Modell und Case Management als Grundlagen einer zukunftsorientierten hausärztlichen Versorgung. *Zeitschrift für ärztliche Fortbildung und Qualität im Gesundheitswesen,* 100, S. 342–352. Stand: 05.11.2013. http://www.allgemeinmedizin.uni-frankfurt.de/lit/zaefq100_345.pdf

GKV Spitzenverband. (2013, 01. Januar). *Alle gesetzlichen Krankenkassen.* Stand: 05.11.2013. http://www.gkv-spitzenverband.de/krankenversicherung/

krankenversicherung_grundprinzipien/alle_gesetzlichen_krankenkassen/
alle_gesetzlichen_krankenkassen.jsp

Hartmannbund. (2013, 14. Juli). *Der Hartmannbund.* Stand: 05.11.2013. http://
www.hartmannbund.de/de/wir-ueber-uns/

Hartzband, P. & Groopman, J. (2011, 13. Oktober). The New Language of
Medicine. *The New England Journal of Medicine,* 365, S. 1372–1373. Stand:
06.11.2013. http://www.medicinaepersona.org/resources/rassegna/
N1346a767c744039394d/N1346a767c744039394d/NEJM_13_ottobre_2011.pdf

Herrmann, O. (2005). Die Gesundheitssysteme von Deutschland und USA im
Vergleich. *German American Law Journal.* Stand: 05.11.2013. http://
www.amrecht.com/herrmannvergleich2005.shtml

Hiekel, M. (2013, 24. Juni). Neue Regeln gegen zuviel Pharma-Einfluss auf Ärzte.
Märkische Allgemeine. Stand: 03.11.2013. http://www.maz-online.de/
Nachrichten/Politik/Neue-Regeln-gegen-zuviel-Pharma-Einfluss-auf-Aerzte

IGeL-Monitor. *Was sind IGeL?* Stand: 05.11.2013. http://www.igel-monitor.de/
94.htm

Ivanovas, G. Evidenz-basierte Medizin - Evidenz ohne Basis. *Ärztezeitschrft für
Naturheilverfahren,* 45, 3/2004. Stand: 05.11.2013. http://www.zaen.org/
download/artikel/aefn_0304_ivanovas.pdf

nett. Dann aber hält der Arzt die Hand auf. Ein Erfahrungsbericht. *Schlei Bote.*
Stand: 05.11.2013. http://www.shz.de/lokales/schleibote/aerger-und-
unsicherheit-bei-igel-leistungen-id8945.html

Kassenärztliche Vereinigung Bremen. (2012). *Selbzahlerleistungen in der Praxis:
Hinweise zum seriösen IGeLn.* Stand: 05.11.2013. http://www.kvhb.de/sites/
default/files/igel-sonderheft.pdf

Kersting, T. & Pillokat, A. (2006). Medizinische Zusatzleistungen im stationären
Bereich – IGeL im Krankenhaus. Rechtliche Rahmenbedingungen, 10
Grundregeln, praktische Beispiele. *Zeitschrift für ärztliche Fortbildung und
Qualität im Gesundheitswesen,* 100 (?), S. 707–712. Stand: 11.11.2013. http://
www.drk-kliniken-berlin.de/uploads/media/Artikel_Zusatzleistungen.pdf

Krohn, P. (2012, 27. Dezember). Beitragsexplosion trifft nur Minderheit der
Kunden. *Frankfurter Allgemeine Zeitung.* Stand: 03.11.2013. http://
www.faz.net/aktuell/finanzen/meine-finanzen/private-krankenversicherungen-
beitragsexplosion-trifft-nur-minderheit-der-kunden-12006493.html#Drucken

Krugman, P. (2011, 21. April). Patients Are Not Consumers. *The New York Times.* Stand: 11.11.2013. http://www.nytimes.com/2011/04/22/opinion/22krugman.html?_r=0

Kuhn, L. (2009, 9. Januar). Was ist… Principal-Agent-Theorie? *Harvard Business manager,* 8/2008. Stand: 05.11.2013. http://www.harvardbusinessmanager.de/heft/artikel/a-590966.html

Kuhrt, N. (2012, 15. Februar). Privatpatienten: Schneller dran, aber nicht besser. *Spiegel Online.* Stand: 05.11.2013. http://www.spiegel.de/wissenschaft/medizin/privatpatienten-schneller-dran-aber-nicht-besser-a-815504.html

Kuhrt, N. (2012, 21. Juni). Gutachten der Gesundheitsweisen : Kluft zwischen Praxen und Kliniken schadet Patienten. *Spiegel Online.* Stand: 05.11.2013. http://www.spiegel.de/wissenschaft/medizin/sachverstaendigenrat-gesundheitsweise-fordern-mehr-qualitaet-a-840103.html

Lauterbach, K. *Bürgerversicherung: Mehr Wettbewerb und Gerechtigkeit im Gesundheitssystem,* Institut für Gesundheitsökonomie und Klinische Epidemiologie der Universität zu Köln. Stand: 05.11.2013. http://www.archiv.gruene-bw.de/fileadmin/gruenebw/dateien/Veranstaltungen/B_rgerversicherung_Lauterbach.pdf

Lauterbach, K. (2004). Die Bürgerversicherung. Das Prinzip der Bürgerversicherung: Alle Bürger und alle Einkommensarten tragen bei, dann sinken die Beitragssätze. In U. Engelen-Kefer (Hrsg.), *Reformoption Bürgerversicherung. Wie das Gesundheitssystem solidarisch finanziert werden kann.* Hamburg: VSA-Verlag. Stand: 05.11.2013. Stand: 05.11.2013. http://www.patientenschutz.de/cms/files/b_rgerversicherung.pdf

Lauterbach, K. (2007). *Der Zweiklassenstaat. Wie die Privilegierten Deutschland ruinieren.*

Lauterbach, K., Stock, S. & Brunner, H. (Hrsg.). *Gesundheitsökonomie. Lehrbuch für Mediziner und andere Gesundheitsberufe* (2., vollständig überarbeitete Auflage).

Lieb, K. Mein Essen bezahle ich selbst! Brennpunkt: Interessenskonflikte in der Medizinforschung II. *Spektrum der Wissenschaft.* Stand: 04.11.2013. http://www.mezis.de/tl_files/mezis/dokumente/Spektrum%20der%20Wissenschaft%20-%20Mein%20Essen%20bezahle%20ich%20selbst.pdf

Link, C. (2013, 25. Juni). Pharmaindustrie will Zahlungen an Ärzte offenlegen. *Stuttgarter Zeitung.* Stand: 04.11.2013. http://www.mezis.de/tl_files/mezis/

dokumente/2013-06-25%20-%20StZ%20-%20Pharmaindustrie%20will
%20Zahlungen.pdf

Lown, B. (2004). *Die verlorene Kunst des Heilens. Anleitung zum Umdenken* (Suhrkamp-Taschenbuch, Bd. 3574, 1. Aufl). [Frankfurt, Main]: Suhrkamp.

medcontroller (2013, 27. Juni). Deutschland gibt im Vergleich weniger aus für Gesundheit. Stand: 05.11.2013. http://www.medcontroller.de/2013/06/27/deutschland-gibt-im-vergleich-weniger-aus-fur-gesundheit/

medcontroller (2013, 29. September). DRG-System als Instrument zur Marktbereinigung. Stand: 05.11.2013. http://www.medcontroller.de/2013/09/29/drg-system-als-instrument-zur-marktbereinigung/

Meier, L. (2013, 27. Juni). Gier-Ärzte kommen witer durch. Gesetz gegen Korruption. *Stern.* Stand: 03.11.2013. http://www.stern.de/politik/deutschland/gesetz-gegen-korruption-gier-aerzte-kommen-weiter-davon-2030497.html

Meyer, U. (2006). *Zum Verhältnis zwischen GKV und PKV.* Stand: 03.11.2013. http://www.uni-bamberg.de/fileadmin/uni/fakultaeten/sowi_professuren/vwl_sozialpolitik/Meyer_Seiten/literatur/Meyer-GKV-und-PKV.pdf

Milbrodt, H. & Röhrs, V. *Getrennt finanzieren, vereint gestalten: Zur Geschichte der dualen Krankenversicherung in Deutschland.* Stand: 03.11.2013. *http://www.math.uni-hamburg.de/home/drees/PKV_HIST_VOR_K_HH_KURZ.pdf*

Ministerium für Gesundheit, Emanzipation, Plege und Alter des Landes Nordrhein.Westfalen (MGEPA). *Krankenhausplan NRW 2015.* Stand: 05.11.2013. http://www.mgepa.nrw.de/gesundheit/versorgung/krankenhaeuser/krankenhausplan_NRW_2015/index.php

Miquel, M. von. Ortskrankenkassen im „Dritten Reich". Stand: 05.11.2013. http://www.isb.ruhr-uni-bochum.de/mam/content/mitteilungsblatt/volltexte/miquel_mtb38.pdf

Müller, H. (2013, 14. Mai). Pharmafirmen lassen sich Vermarktung ihrer Medikamente Milliarden kosten. *Thüringer Allgemeine.* Stand: 04.11.2013. http://www.thueringer-allgemeine.de/startseite/detail/-/specific/Pharmafirmen-lassen-sich-Vermarktung-ihrer-Medikamente-Milliarden-kosten-1771566090

Niehaus, F. *Der überproportionale Finanzierungsbeitrag privat Versicherter Patienten. Die Entwicklung von 2006 bis 2011,* Wissenschaftliches Institut der PKV. Stand: 05.11.2013. http://www.wip-pkv.de/uploads/tx_nppresscenter/Der_ueberproportionale_Finanzierungsbeitrag_2006_2011.pdf

Oster, A. & Bahr, D. (2013, 4. Januar). Bahr: Kein Gesetz gegen korrupte Ärzte. Interview mit dem Gesundheitsminister. *WDR*. Stand: 04.11.2013. http://www1.wdr.de/themen/politik/aerztekorruption116.html

Passon, A., Lüngen, M., Gerber, A., Redaelli, M. & Stock, S. Das Krankenversicherungssystem in Deutschland. In K. Lauterbach, S. Stock & H. Brunner (Hrsg.), *Gesundheitsökonomie. Lehrbuch für Mediziner und andere Gesundheitsberufe*. 2., vollständig überarbeitete Auflage (S. 105–136).

PflegeWiki. *Krankenhausplan*. Stand: 05.11.2013. http://www.pflegewiki.de/wiki/Krankenhausplan

Pilz, F. (2009). *Der Sozialstaat. Ausbau - Kontroversen - Umbau* (Schriftenreihe // Bundeszentrale für Politische Bildung, Bd. 761). Bonn: Bundeszentrale für Politische Bildung.

pkv-selbstvergleich.de. *Altersrückstellung nach Gesundheitsreform*. Stand: 07.11.2013. http://www.pkv-selbstvergleich.de/Altersrueckstellung.htm

Pleticha, H. (Hrsg.). (1998). *Deutsche Geschichte. 1815 - 1918: Restauration und Bismarkreich*. Gütersloh: Bertelsmann-Lexikon-Verl.

PROFITraining. *Leistungen Praxismanagement: Von Apothekentraining bis Zahnarztmarketing. Individuelles Praxiscoaching – gefördert mit staatlichen Mitteln*. Stand: 05.11.2013. *http://www.profitraining.de/medizin1.php*

Prondzinski, L. von (2013, 9. August). NRW will alte Patienten besser versorgen. Krankenhausplan 2015. *WDR*. Stand: 05.11.2013. http://www1.wdr.de/themen/politik/krankenhausplan100.html

PwC. (2012). *GKV im Wettbewerb: Was ist wirklich relevant?* Stand: 07.11.2013. http://www.pwc.de/de/gesundheitswesen-und-pharma/gkv-im-wettbewer-was-ist-wirklich-relevant.jhtml

Quarks & Co. (2013). *Die Vorsorge-Lüge. IGeL-Leistungen auf dem Prüfstand*. Stand: 06.11.2013. https://www.wdr.de/tv/quarks/global/pdf/Q_IGEL.pdf

Reckziegel, R. Wenn der Arzt unsinnige Leistungen empfiehlt. *Handelsbaltt*. Stand: 03.11.2013. http://www.handelsblatt.com/finanzen/recht-steuern/streitfall-des-tages/streitfall-i-wenn-der-arzt-unsinnige-leistungen-empfiehlt/4430592.html

Rödiger, T. *Sind PKV-Versicherte die Sozialhilfeempfänger von morgen?*, BARMER. Stand: 03.11.2013. http://www.barmer-gek.de/barmer/web/Portale/Versicherte/Komponenten/gemeinsame__PDF__Dokumente/Publikationen/Roediger__08,property=Data.pdf

Rytina, S. (2010, 2. Mai). Der gefährlich lückenhafte Medizin-TÜV. *Spiegel Online.* Stand: 05.11.2013. http://www.spiegel.de/wissenschaft/medizin/ evidenzbasierte-medizin-der-gefaehrlich-lueckenhafte-medizin-tuev-a-689441-druck.html

Scherer, K. & Niejahr, E. (2012, 3. Februar). Nie mehr zweite Klasse. In Deutschland steht eine Revolution bevor: Die Zeit der privaten Krankenversicherung neigt sich dem Ende zu. Was kommt nun? *Zeit Online.* Stand: 05.11.2013. http://www.zeit.de/2012/06/Private-Krankenversicherung/ komplettansicht

Schofer, A. (2013, 22. Oktober). Beitragserhöhung in der privaten Krankenversicherung. Die Beitragserhöhungen 2014 in der PKV. *cecu.de.* Stand: 03.11.2013. http://www.cecu.de/beitragserhoehung-private-krankenversicherung.html

Schreiber-Weber, E. & Dietrich, W. (3. Quartal 2013). Ärzte gegen Korruption im Gesundheitswesen. *AGB-Nachrichten,* 3/13. Stand: 03.11.2013. http:// www.mezis.de/tl_files/mezis/dokumente/AGB-Nachrichten%203.%20Quartal %202013-1.pdf

Schrum, A. & Aster, E.-L. von (2013, 7. Oktober). Der Patient und die Fallpauschale. Oder: Die Logik des Entgeld-Systems. *Deutschland Radio Kultur: Zeitfragen.* Stand: 05.11.2013. http://www.dradio.de/dkultur/sendungen/ zeitfragen/2277676/

Schwind, M. (1998). Peitsche und Zuckerbrot - Verteufelung und Sozialversicherung. In H. Pleticha (Hrsg.), *Deutsche Geschichte. 1815 - 1918: Restauration und Bismarkreich.* Gütersloh: Bertelsmann-Lexikon-Verl.

Seidler, E. & Leven, K.-H. (2003). *Geschichte der Medizin und der Krankenpflege* (7., überarb. und erw. Aufl). Stuttgart: Kohlhammer.

Simon, M. (2013, 27. September). Grundsätzliche Konstruktionsfehler. Das Deutsche DRG-System. *Deutsches Ärzteblatt,* 39, S. B1572-B1576.

sozialpolitik-aktuell.de. *Ausgabenentwicklung je Versicherten im Vergleich zur gesetzlichen Krankenversicherung 2001 - 2011,* Institut Arbeit und Qualifikation der Universität Duisburg-Essen. Stand: 03.11.2013. http://www.sozialpolitik-aktuell.de/tl_files/sozialpolitik-aktuell/_Politikfelder/Gesundheitswesen/ Datensammlung/PDF-Dateien/abbVI30.pdf

sozialpolitik-aktuell.de. *Sozialleistungsquote 1960 - 2012. Summe aller Sozialleistungen1) in % des BIP; 1960 - 1990 alte Bundesländer,* Institut Arbeit und Qualifikation der Universität Duisburg-Essen. Stand: 06.11.2013. http:// www.sozialpolitik-aktuell.de/tl_files/sozialpolitik-aktuell/_Politikfelder/ Finanzierung/Datensammlung/PDF-Dateien/abbII1a.pdf

SPD. *Solidarisch, gerecht und leistungsfähig. Die Bürgerversicherung.* Stand: 05.11.2013. http://www.spd.de/themen/Buergerversicherung/7934/ buergerversicherung.html

Spiegel Online (2008, 5. September). Zu viele Krankenhäuser: Experte hält Deutschland für überversorgt. *Spiegel Online.* Stand: 05.11.2013. http:// www.spiegel.de/wirtschaft/zu-viele-krankenhaeuser-experte-haelt-deutschland- fuer-ueberversorgt-a-576416.html

Spiegel Online (2012, 14. Juni). Krankenhaus-Report 2012: Deutschland droht ein Kliniksterben. *Spiegel Online.* Stand: 05.11.2013. http://www.spiegel.de/ wirtschaft/unternehmen/krankenhaus-report-2012-deutschland-droht-ein- kliniksterben-a-838891.html

Statistisches Bundesamt. *Anzahl der Krankenhäuser in Deutschland in den Jahren 2000 bis 2012.* Stand: 05.11.2013. http://de.statista.com/statistik/daten/studie/ 2617/umfrage/anzahl-der-krankenhaeuser-in-deutschland-seit-2000/

Statistisches Bundesamt. (2008, 10. Dezember). *Gesundheit: Grunddaten der Krankenhäuser 2007* (Fachserie 12 Nr. Reihe 6.1.1). Wiesbaden: Statistisches Bundesamt. Stand: 05.11.2013. http://www.gbe-bund.de/gbe10/ owards.prc_show_pdf? p_id=13559&p_sprache=d&p_uid=&p_aid=&p_lfd_nr=1

Statistisches Bundesamt. (2013). *Schlaglicht: Ambulante Operationen seit 2002 verdreifacht.* Stand: 29.10.2013. https://www.destatis.de/DE/ZahlenFakten/ GesellschaftStaat/Gesundheit/Krankenhaeuser/Krankenhaeuser.html

Statistisches Bundesamt. (2013, 29. August). *Unternehmen und Arbeitsstätten. Kostenstruktur bei Arzt- und Zahnarztpraxen sowie Praxen von psychologischen Psychotherapeuten 2011* (Fachserie 2 Nr. Reihe 1.6.1). Wiesbaden: Statistisches Bundesamt. Stand: 05.11.2013. https://www.destatis.de/DE/Publikationen/ Thematisch/DienstleistungenFinanzdienstleistungen/KostenStruktur/ KostenstrukturAerzte2020161119004.pdf?__blob=publicationFile

Statistisches Bundesamt. (2013, 16. Oktober). *Gesundheit: Grunddaten der Krankenhäuser 2012* (Fachserie 12 Nr. Reihe 6.1.1). Wiesbaden: Statistisches Bundesamt. Stand: 05.11.2013. https://www.destatis.de/DE/Publikationen/ Thematisch/Gesundheit/Krankenhaeuser/ GrunddatenKrankenhaeuser2120611127004.pdf?__blob=publicationFile

SWR (2009, 4. Juni). Pharmaindustrie finanziert Ärztefortbildung. *SWR*. Stand: 05.11.2013. http://www.swr.de/odysso/-/id%3D1046894/nid%3D1046894/did %3D4772772/1llxcke/index.html

Technische Krankenkasse. *Recht auf Zweitmeinung.* Stand: 06.11.2013. http:// www.tk.de/tk/behandlungen/zweitmeinung/recht-auf-zweitmeinung/213558

Temm, S. (2013, 26. Juli). Private Krankenversicherung: Beitragserhöhung für viele Versicherte. *finanzen.de Nachrichten.* Stand: 03.11.2013. http:// www.finanzen.de/news/14485/private-krankenversicherung-beitragserhoehung-fuer-viele-versicherte

Thießen, M. (2013). *Ungleichheit und Krankheit. Wie gerecht ist das deutsche Gesundheitssystem?* Hausarbeit, Zeppelin Universität. Friedrichshafen.

Bundesweite Honorarberatung. (2012). *Kostenerstattungsprinzip in der GKV – die PKV zum Üben?* http://www.bundesweitefinanzberatung.de/expertenartikel/ ansicht/kostenerstattungsprinzip-in-der-gkv-die-pkv-zum-ueben-191/

Universitätsklinik Leipzig. (2011). *Was sind Wahlleistungen?* Stand: 05.11.2013. http://www.uniklinikum-leipzig.de/r-was-sind-wahlleistungen-a-292.html

Unschuld, P. U. (2011). *Ware Gesundheit. Das Ende der klassischen Medizin* (Beck'sche Reihe, Bd. 1943, Orig.-Ausg., 2., aktualisierte, um ein Nachw. erw. Aufl). München: Beck.

Verband der Privaten Krankenversicherung e.V. (PKV). *PKV-Verband.* Stand: 03.11.2013. http://www.pkv.de/verband/

Verband der Privaten Krankenversicherung e.V. (PKV) (Verband der privaten Krankenversicherung e. V., Hrsg.). (2002). *Informationen für Lehrer und Schüler.* Stand: 03.11.2013. http://www.private-krankenversicherung.de/ downloads/pkv-fuer-lehrer-und-schueler.pdf

Verband der Privaten Krankenversicherung e.V. (PKV). (2012). *Zahlenbericht der Privaten Krankenversicherung 2011/2012.* Stand: 03.11.2013. http:// www.gdv.de/wp-content/uploads/2012/11/PKV_Zahlenbericht_2011_2012.pdf

Verbraucherzentrale Bundesverband. (2012). *Beitragsexplosion bei den Privatkassen. Bundesweite Stichprobe der Verbraucherzentralen belegt Reformbedarf in der PKV. http://www.vzbv.de/9149.htm*

Verbraucherzentrale Niedersachsen. (2012). *Das miese Geschäft mit IGeL-Leistungen. Staatlich geförderte Verkaufstrainings sollen Praxisgewinn steigern. https://www.verbraucherzentrale-niedersachsen.de/link1810326A.html*

Vocke, R. (1998). "Wider die gemeingefährlichen Bestrebungen der Sozialdemokratie". In H. Pleticha (Hrsg.), *Deutsche Geschichte. 1815 - 1918: Restauration und Bismarkreich* (S. 281–282). Gütersloh: Bertelsmann-Lexikon-Verl.

Wagner, C. & Schaaber, J. (BUKO Pharma-Kampagne & medico international, Hrsg.). *Arzneimittelforschung. Plädoyer für eine Wissenschaft im öffentlichen Interesse* (2. Aufl.). Stand: 03.11.2013. http://www.medico.de/datei/arzneimittelforschung.pdf

Wagner, E. H., Austin, B. T., Davis, C., Hindmarsh, M., Schaefer, J. & Bonomi, A. Improving Chronic Illness Care: Translating Evidence Into Action. *Health Affairs,* 6/2001, S. 64–78. Stand: 05.11.2013. http://content.healthaffairs.org/content/20/6/64.full.pdf+html

WDR. (2013, 13. Januar). *Wie korrupt sind unsere Ärzte? Ermittlungen gegen 1.000 Mediziner.* Stand: 03.11.2011. http://www1.wdr.de/fernsehen/aks/themen/korruptionaerzte100.html

Wegener, B. (2013, 18. Februar). Wie groß ist der Pharma-Einfluss auf die Ärzte? *DIE WELT.* Stand: 03.11.2013. http://www.welt.de/gesundheit/article113718634/Wie-gross-ist-der-Pharma-Einfluss-auf-die-Aerzte.html

Weismantel. (1998). Anfänge der Industrialisierung und soziale Frage. In H. Pleticha (Hrsg.), *Deutsche Geschichte. 1815 - 1918: Restauration und Bismarkreich* (S. 101–114). Gütersloh: Bertelsmann-Lexikon-Verl.

Wolf, C. (2013, 28. Juni). Gegen den Filz in der Gesundheitsbranche. *WDR.* Stand: 03.11.2013. http://www1.wdr.de/themen/politik/korruptiongesundheitswesen100.html

www.ingramcontent.com/pod-product-compliance
Lightning Source LLC
Chambersburg PA
CBHW080427290526
45791CB00008BA/2420

* 9 7 8 1 4 9 7 3 2 4 4 8 0 *